آراء ودراسات حول كتاب
عُمان.. الديمقراطية الإسلامية

آراء ودراسات حول كتاب
عُمان.. الديمقراطية الإسلامية
للدكتور حسين غُباش

رسالة سماحة المفتي

أحمد بن حمد الخليلي

سيادة المطران جورج خضر

البرفيسور جيريمي جونز

د. جوزف كيشيشيان

د. صفاء الجنابي

فضول قماحي

أحمد الفلاحي

دار الفارابي

الكتاب: آراء ودراسات حول كتاب
عُمان . . الديمقراطية الإسلامية
للدكتور حسين غباش
الغلاف: فارس غصوب

الناشر: دار الفارابي - بيروت - لبنان
ت: 301461(01) ـ فاكس: 307775(01)
ص.ب: 3181/ 11 ـ الرمز البريدي: 2130 1107
e-mail: info@dar-alfarabi.com
www.dar-alfarabi.com

الطبعة الأولى 2010
ISBN: 978-9953-71-591-9

تباع النسخة الكترونياً على موقع:
www.arabicebook.com

بمثابة مقدمة

بقلم أحمد الفلاحي (*)

قليلة هي الكتب التي تستحق أن توصف بأنها عظيمة وبين هذه الكتب دون ريب، كتاب إدوارد سعيد «الثقافة والإمبريالية». هكذا كتب الدكتور كمال أبو ديب مقدماً لهذا الكتاب المهمّ الذي ترجمه إلى قراء العربية.

هذا الكتاب الذي أثار كتَّاب الغرب وصحافته الكبرى بالإيجاب والسلب عندما صدر أول مرة في نيويورك قبل عدة سنوات، ولسنا هنا بصدد الحديث عن هذا الكتاب، وقد تحدث عنه الكثيرون منذ ظهور ترجمته العربية، وتناولته معظم الصحف العربية المعتبرة وما تزال أصداؤه تظهر حتى اليوم بين حين وآخر عند هذا الكاتب أو ذاك.

(*) كاتب من عُمان.

نريد فقط استعارة ذلك الوصف الذي وصف به الدكتور كمال أبو ديب كتاب «الثقافة والامبريالية» بأنه من الكتب القليلة العظيمة على مستوى العالم، لنصف به كتاباً نراه من الأهمية بمكان في مكتبتنا العربية وجديراً بأن يوصف بمثل هذا الوصف.

أظن أن وصفاً كهذا ينطبق بصورة أو بأخرى على كتاب الدكتور حسين عبيد غانم غباش «عمان. . الديمقراطية الإسلامية» ولو على صعيد مختلف وفي سياق آخر. فهو كتاب حسب زعمي وتصوري، من بين أهم الكتب التي تحدثت وتناولت تاريخنا العماني الحديث إن لم يكن أهمها مطلقاً. وبطبعي لا أحب المطلقات وعموم صيغ التفضيل. أقول هذا وأنا أدعي أنني قرأت واطلعت على أغلب ما كتب في هذا الشأن.

كتاب «عمان. . الديمقراطية الإسلامية» ليس كثيراً عليه في نظري، أن يدخل في ذلك التوصيف الدقيق المعبّر عن حقيقة الكتب أبلغ التعبير. (قليلة هي الكتب التي تستحق أن توصف بأنها عظيمة)، هكذا رأى الدكتور أبو ديب وهو العلّامة الحُجّة الخبير بأمور الكتب ونوعياتها.

وكتاب الدكتور غباش يستحق بدون مبالغة أن يكون ضمن تلك الكتب القليلة العظيمة، وفق رؤيتي على الأقل. كتاب هو ليس لعُمان ولا للعُمانيين ولكنه للعرب وللعالم الإسلامي كله. يقدم لهم ما جهلوه وتوارى أمره عنهم تجربة ضخمة فريدة لا مثيل لها في تاريخ المسلمين على شموله واتساعه.

إنها تجربة المدرسة الإباضية تلك التي استطاعت أن تخرج للناس نظرية مثالية قابلة للتطبيق وقد جرب. تطبيقها في الحكم وفي العمل الديمقراطي صيغة عجيبة لم يعرف أمرها لدى جمهور الأمة المسلمة فغابت فائدتها، وقد جاء هذا الكتاب يجلوها ويستخرجها من مصادرها الموثوقة ومظانها المخبوءة، ويدعو المسلمين كل المسلمين إلى الالتفات إليها والنظر فيها، فهي من المفاخر الفكرية الكبرى التي أنتجتها عبقرية الإسلام، والتي ينبغي لكل مسلم أياً كان مذهبه وأين كان موقعه أن يفاخر بها ويعتز.

تجربة مهمة غيبتها التعصّبات المذهبية في أحوال قليلة وعدم معرفة الناس بها في أكثر الأحوال. آن الأوان ونحن في عصورنا هذه، أن ننتبه لها وأن نقف معها

متحررين من عقد الماضي وإشكالاته، ناظرين إليها كجزء من تراثنا الإسلامي العام الذي لا بد لنا من أن نلوذ به، وأن نستخرج من إيجابياته ما يساعدنا على مواجهة تلك التيارات العاصفة، التي تهبّ علينا من كل صوب كي نحافظ على ملامح خصوصيتنا من أن تقتلعها تلك العواصف المدمرة.

ففي تراثنا الكثير من الجوانب المضيئة التي يمكن الاستقاء منها وتطويعها لتتلاءم مع ظروف العصر وأحواله. وباحثنا في دراسته العلمية الدقيقة المتشربة روح التراث والمعدة وفق أحدث نظريات البحث العلمي، يرى أن مثل هذه التجارب الرائدة في تاريخنا، يجب إظهارها وتسليط الأضواء عليها والاستفادة منها في أحوالنا المعاصرة اليوم، ليس بالتطبيق الحرفي لها واستدعاء الماضي ليتسيَّد حياتنا، فذلك من الأمور المستحيلة وغير الممكنة لأن لكل زمان ظروفه، وإنما باستخلاص ما فيها من خصائص وإيجابيات يمكن الأخذ في عمومها وتطوير فلسفتها ومنهجها بما يتلاءم وأحوالنا وظروفنا اليوم، نتأمل خطوطها ومفاهيمها العامة ونستوحي من مقاصدها ما قد

يفيد في أمور حياتنا، ويساعد على سعينا لإيجاد صيغة مناسبة نستطيع بها دخول العصر والتفاعل معه دون الانفلات من هويتنا، نفيد العالم بما لدينا من هذا الموروث المتراكم وهذه التجارب التي تبلورت وتشكلت عبر قرون كثيرة نظرياً وتطبيقياً، ونستفيد مما لديه مما جاءت به المدنيَّة الحديثة والحضارة المعاصرة من قيم وأفكار.

الدكتور غباش الذي نال الدكتوراه على بحثه القيّم هذا من إحدى أهم جامعات فرنسا، كان دقيقاً ومتعمّقاً تدفعه روح البحث العلمي الجاد بعيداً عن كل أمور التعصب والهوى.

كان يفحص ويدقق ويقارن ويوازن ويقيم دراساته على أسس علمية بحتة، يستخرج المعلومات من مختلف المصادر ويلح في استكمال عناصرها واستبيان أسبابها وتحليل نتائجها.

ومن ثم استقبال العالم الإسلامي في شتى دياره وأقطاره لهذا البحث الأكاديمي النزيه المستقصي استقبالاً فاق التوقع فقد طبعت (دار الجديد) البيروتية ـ هي الناشر الأول للكتاب في اللغة العربية مترجماً عن الفرنسية ـ

طبعت منه عدة طبعات نفدت كلها في سنة واحدة، مما اضطر المؤلف إلى إعادة طبع الكتاب في طبعة أخرى أوسع وأشمل في (دار الفارابي) البيروتية العريقة، وقليلة هي الكتب التي تنال مثل هذا الإقبال الواسع من القارىء العربي فيعاد طبعها مرات عديدة، وما ذاك إلا بسبب الدقة البحثية والأمانة العلمية والأسلوب الشيق الجميل؛ كتاب نعم يتناول عُمان وخصوصية تجربتها ولكنه لا يراها تجربة عُمانية تخص العمانيين وحدهم، بل يراها تجربة عربية عامة تهم كل عربي، بل كل مسلم لما فيها من أصالة ومن إضافات مهمة لا غنى للتجربة العربية عنها، وهي تنهض لتشكيل فلسفتها الخاصة بها بين فلسفات العالم المعاصرة. إنه لا يدعو إلى الالتصاق بالتجربة والتماهي فيها، ولكنه يدعو إلى تأملها والاستفادة مما بها من القيم بما يتفق مع ظروف العصر ومناخاته.

«عمان.. الديمقراطية الإسلامية» عرض للتاريخ العماني ولتجارب العمانيين منذ العصور الإسلامية الأولى، بل حتى ما قبل الإسلام بأسلوب عصري جذاب. طريقة الإمامة عند الإباضية ونوعيتها وأنظمتها الصارمة في الانتخاب والديمقراطية والحرية العامة. النظرية

والتطبيق على مدى العصور المختلفة. ثم تناول بعد ذلك أدوار التاريخ العماني. ودوله دولة بعد دولة منذ أن انفصلت عمان بذاتها عن الدولة الإسلامية الكبرى في دمشق الأموية أو في بغداد العباسية بعد ذلك، واستقلت بكيانها الخاص ابتداء من الجلندي بن مسعود ثم أئمة اليحمد، ثم اليعاربة، ثم آل بو سعيد، يقص خبر التاريخ وأحداثه ولكنه لا يكتفي بالسرد فهو يستخرج الخلاصة وينبِّه للعبرة ويستجلي مرامي الحقيقة، يتأمل ما صنعته عمان من تجربة لأنماط الحكم فيها ويستقرئ الأحداث التي مرت بها، والصراعات الكبيرة التي خاضتها بين بنيها أنفسهم في بعض الحالات التي تضعف فيها الدولة المركزية أو تسقط، وبينها وبين غزاتها الذين جاؤوها من خارجها، طامعين فيها أو قاصدين تدمير دولتها، وتحطيم نموذجها الذي اخترعته وطبقته وارتضته لنفسها وسارت بموجبه، تتكيف معه تسقط منه وتضيف إليه وفق الظروف والأحوال التي تمر بها. وتوقف الباحث ملياً عند الصراع الضخم الكبير الذي خاضته عُمان مع القوى الاستعمارية الأوروبية الحديثة ابتداء من البرتغاليين، الذين وإن لم يتيسر لهم الامتداد إلى الداخل حيث الجبال والمعوقات

11

وصلابة الإنسان الذي أعانته الطبيعة، إلا أنهم استطاعوا الهيمنة على الشواطىء بعد المقاومة البطولية والصعبة التي واجههم بها السكان، والتي سجلوا هم بأنفسهم أخبارها في كتاباتهم.

صراع استمر أكثر من قرن كانت عمان الظافرة فيه في النهاية.

وبعد البرتغال، جاء التنافس بين البريطانيين والفرنسيين للإمساك بهذا البلد الصغير في رقعته وسكانه وإمكانياته والكبير في صبره وصموده وصلابة أبنائه...

حقائق نقّب عنها باحثنا واستقصاها من محفوظات القوم وأرشيفاتهم وأوراقهم المخفية وتقاريرهم ومحاضرهم ومخاطباتهم السرية، وقدمها لنا ملخصة مرتبة سهلة التناول. كل نبأ منها منسوب إلى مصدره المحدد المعلوم.

كتاب «عمان.. الديمقراطية الإسلامية» من الكتب القليلة التي تستحق أن توصف بأنها عظيمة ويجدر بكل عُماني بل بكل عربي أن يقرأه وأن يقتنيه تحفة قلما يجود الزمن بمثلها.

للدكتور غباش نقول شكراً على هذا الجهد الجليل الرائع، ولك منا تحيات الإعزاز والإكبار.

رسالة سماحة المفتي للكاتب

الشيخ أحمد بن حمد الخليلي(*)

إلى الدكتور حسين غباش حفظه الله
تحية طيبة وبعد،
(. . .)

لقد استوعبتم التاريخ العُماني بحركته الداخلية ومؤثّراته الخارجية، على أنه لم يكن استيعاباً جامداً، بل استيعاباً يدفعه حراك الدين وحراك العلم وحراك الوطنية، ومتى ما التقت هذه الأنواع من الحراك دفعت بالمادة العلمية إلى أن تبني ما هدمته الأيام، وتصحح ما أساءت فيه الأوهام، وتذكر بعد الغفلة وتوقظ بعد الرقدة.

إن كتابكم هذا يكتسب أهميته من عدة جوانب: من جهة موضوعه وأسلوب طرحه وصراحة لهجته، فقد عالج

(*) المفتي العام لسلطنة عُمان.

موضوعاً جديداً لم يتطرق إليه من قبل إلا بصورة مبتسرة وغير مرتبة ومن زوايا متباينة تماماً مع هذا الطرح، ثم إن طرحه جاء عالمياً بأسلوب أكاديمي علمي، ورغم بعده عن لغة الصحافة، إلا أنه جاء مع ذلك سهلاً وميسّراً قريب المنال داني القطوف. أضف إلى هذا، فإن اللهجة الصادقة التي اتصف بها الكتاب ستعمل عملها في تغيير المفاهيم الخاطئة التي روّجها من لا يعي الأمور. إن الأوهام تطير هباء منثوراً أمام الحقائق الملموسة، والخيالات السقيمة تتبدّد في ميزان الأفكار الصحيحة، والأشباح الهائمة في ظلمات الجهل تبدّدها سواطع المعرفة، وكتابكم هو الحقيقة والميزان وسواطع المعرفة التي ستعمل على تبديد تلك الأوهام والخيالات والأشباح.

«عمان الديمقراطية الإسلامية» يقدم نظرية إسلامية لديمقراطية لا يعرفها الغرب، نظرية لم يكن الإباضية فيها عالة على أحد إلا الكتاب العزيز والسنة المطهرة، نظرية أثبتت الألف والمائتا سنة صدقها ونجاحها وثباتها وإيمان أصحابها، شجرة مباركة زيتونة لا شرقية ولا غربية أصلها ثابت وفرعها في السماء تؤتي أكلها كل حين في زمن العدل.

هذه النظرية جاء كلامكم الواعي ليعرضها على الغرب باللغة التي يفهمها، بل على العالم بما يأسر عقل الظامىء إلى زلال المعرفة.

ما قلت ليس إطراءً لكتابكم بل حقيقة الإقرار بما شمله من جواهر المعرفة ومكنونات التأريخ وكرائم الأفعال الإسلامية، أفعال رجال يؤمنون باللّٰه تعالى ويفعلون ما يقولون.

واسمحوا لي في هذا المقام، أن أشير إلى أمرين بودنا أن يتم تلافيهما في طبعة قادمة حتى لا تكون هناك ثغرة لطعن المسيء في المؤرخ والمؤرخ له، وأنتم تعلمون أن مع جودة الصناعة يزداد الحُسّاد ولكن تخرس الألسن بما يبهر من الحقائق.

والأمران هما:

1) قلتم في ص 81 من كتابكم القيم: (تتغذى خزينة الإمامة من ثلاثة مصادر رئيسية للدخل:

المصدر الأول هو الرسوم على صادرات المنتجات العمانية كالتمور والفواكه والأسماك والماشية وكذلك الرسوم التجارية على الواردات من الهند وأفريقيا وبلاد فارس).

والصحيح أن أصحابنا في زمن الإمامة العادلة لا يأخذون رسوماً على الصادرات والواردات مهما كانت إلا ما ألمحتم إليه في المصدر الثالث. وإنما يأخذون أجرة المكان الذي تملكه الدولة وتنزل فيه البضائع عند تصديرها وتوريدها فقط، وقد ناقش هذه المسألة العلامة سعيد بن خلفان الخليلي في كتابه «تمهيد قواعد الايمان».

2) قلتم في ص 82: «وأخيراً، هناك الغنيمة التي يأتي بها الإمام من الحروب الأهلية الداخلية، ولا سيما من الحروب ضد القبائل، والإمام هو المسؤول الوحيد عن هذه الأموال».

والحق أن أئمتنا لا يستحلّون أموال أهل القبلة لا الموافق ولا المخالف ولم يُرو قطّ أنهم أخذوا شيئاً ولا درهماً واحداً من أموال المسلمين لا في الحروب ولا في غيرها.

وقد يكون هناك التباس بين هذا الموضوع وبين تغريق أموال الجبابرة في بيت مال المسلمين. ويقصد بتغريق أموال الجبابرة، هو أن الإمام يضع يده على أموال الجبابرة التي أخذوها من الناس بغير وجه حق، فلا يعرف

16

أربابها، فيدخلها الإمام بعد حكم أهل الحل والعقد في بيت مال المسلمين، وعندما يأتي أحد الناس ببينة أن هذا الشيء له وقد ظلمه إياه الوالي أو الحاكم الجبار يعطى إياه من بيت المال.

وآخر تغريق لأموال الظلمة كان في زمن الإمام سالم بن راشد الخروصي، انظر في ذلك «نهضة الأعيان بحرية أهل عمان» للعلّامة أبي بشير محمد بن عبداللّه السالمي، هذا وأسأل اللّه تعالى أن يوفقكم إلى كل خير، وأن نرى من أعمالكم العظيمة المزيد الذي ينفع الأمة الإسلامية، ويرجعها إلى أصالتها وعرقها وتأريخها النير.

وتقبلوا مني خالص الشكر وصادق المودة،

والله الموفق لما يحبه ويرضاه.

والسلام عليكم ورحمة الله وبركاته.

عُمان، الديمقراطية الإسلامية
كما يقرأها حسين غباش

بقلم المطران جورج خضر[*]

قبل مطالعتي هذا الكتاب، كنت مشغوفاً بعُمان بسبب من زيارتي اليتيمة لهذا البلد الجذاب. وقوي أملي بمصير السلطنة لما عرفت الإيديولوجية الدينيّة والسياسيّة التي تحكمها منذ ألف سنة.

وانبهرت بما كتب الدكتور حسين غباش على المستوى الأكاديمي الفائق السمو. كنت قد تربيت في دراستي وعيشي الطويل في باريس، على أن الديمقراطية نتاج غربي لا مثيل له في ما قدّمه الشرق من فكر سياسي،

---

[*] مطران جبل لبنان لطائفة الروم الأرثوذوكس.

19

حتى أقنعني الكاتب بوجود ديمقراطية عُمانية راسية على قواعد واضحة، متماسكة، المبدأ فيها هو شورى ترمي إلى توحيد الأمة. روح هذه الديمقراطية ومداها نظام الإمامة القائم على الانتخاب الحرّ للإمام. والطريقة هي البيعة أي التعاقد الرسمي المكتوب بين الإمام والأمة.

وكان قد قيل لنا وكتب في هذا المستشرقون والعرب، أن المسلمين في كل أرجاء الأرض ينقسمون سنّة وشيعة حتى أثبت المؤلف أن هناك الإباضية المؤسسة على مجلس عام ومجالس محليّة، أي إنك لست مع مبايعة الراشدين الرمزية أو ملكيّة أمية، ولست مع التحدّر من أهل البيت. أجل، أنت في نظام يستند إلى المؤسسة القبليّة ينشأ من الحريّة الفرديّة حتى ننتقل منذ منتصف القرن الثامن عشر من نظام الإمامة إلى نظام السلطنة.

هنا يتبيّن لك أن الجامع بين الديمقراطيتين الحرية الفردية والأساس الأمة فيهما معاً بحيث لا تلمس هوّة رهيبة بين ديمقراطية الغرب والمنحى الإباضي في الحكم.

الأمر الثاني الذي لفتني أن منصب الإمام ولو قام بخاصة على العلم، ليس إلهياً بل هو زمني، وفي هذا يختلف عن الحكم الثيوقراطي الذي كان يميّز النظام

الفرنسي مثلاً قبل الثورة ويميّز النظام الروسي قبل بطرس الأكبر.

ما لفتني أيضاً سكونيّة النظام الإمامي القائل بعدم الثورة على الحكام إذا كانت عدالتهم معقولة مقبولة. وهذا هو إياه موقف القديس توما الأكويني الذي كان يوصي بطاعة الملوك، ولكنه أباح قتلهم إذا انحرفوا بصورة صارخة ولم يبقَ حكمهم يطاق. من هذه الناحية أيضاً، ترى القربى بين الإباضية واللاهوت الكاثوليكي في القرون الوسطى.

ولكن ما يلفت بنوع أخص، أن موقف الإباضية متسامح تجاه المذاهب الإسلامية الأخرى وبشكل خاص مع أهل السنّة. لا يقول لنا الدكتور غباش شيئاً عن أساس التسامح مع أن التكفير شائع في البيئة الإسلامية وذلك منذ عهد الخوارج. لست أذكر في الكتاب كيف تقلّص مذهب الخوارج أو توارى عن التاريخ أو كاد وبرزت منه الإباضية.

ما اللصوق وما التباين بين الخوارج والإباضيين؟ ويشفع في الدكتور حسين غباش أن هاجسه في هذا المصنّف لم يكن التبحّر في علم الكلام وقراءة تاريخ

الفكر الديني، بل كان هاجسه الربط بين الإباضيّة والزمان العُماني منذ نشأته حتى اليوم.

في الإسلام قراءة سياسيّة لنفسه وللعالم أو فيه إطلالة على الدنيا إن لم يكن هو الدنيا أيضاً. من هنا إن الحكم فيه زمني. ويبقى أن الحاكم الأول أو الأعظم فيه هو الله. ما يعني إذًا أن الحكم فيه غير ثيوقراطي؟

من حيث المبدأ الحكم حكم الشريعة، ولو كان الحاكمون هم أنفسهم زمنيين. بمعنى دقيق، الإسلام ليس مؤسسة ولكنه كلام الله. والمدافعون عن الإسلام منذ محمد عبده يلحّون على أن الأمة الإسلاميّة ليس فيها كهنوت يجعل الحكم فيها إلهياً. وهنا لا بدّ لنا أن نقول إن الديمقراطيّة الغربيّة في فرنسا بخاصة، قامت ضدّ المؤسسة الكاثوليكيّة من حيث هي حاملة الكهنوت. والنظام الملكي المسيحي في أوروبا الغربيّة لا علاقة لرجال الدين فيه بالنظام.

من هذه الزاوية، كل الدول خارج دار الإسلام كان يسوسها مدنيون. هذا لأقول إن الأنظمة في الشعوب المسيحيّة قبل الديمقراطية وعند ظهورها، كانت مدنية أو زمنيّة. الثيوقراطية في قراءتي خارج دار الإسلام قشرة وأنت تسوس الزمن بوسائل الزمن.

هذا الكتاب يستعرض كل عقبات التاريخ العُماني بتدقيق كبير بعد أن يكون شرح الممارسة الإباضية، ويذهلك فيها المؤسسات التي في كثرة من جوانبها عصرية الروح. فأهل الحل والعقد، أي العلماء، يوكّدون ضرورة أن تكون الانتخابات غير خاضعة للضغوط فيأتي المصدر الوحيد لشرعية الإمام وإمامته من الإجماع. ما الإجماع؟ هو مقولة إسلاميّة قديمة ولكنّها مطبّقة في هذا النظام سياسيّاً. أهل الحل والعقد يمثّلون السلطة التشريعيّة العليا والمرجع الحقوقي والمذهب السياسي وهم يشرفون على تطبيق مبدأ الشورى الذي ينفذ في مجلس شورى. وإذا قلنا "تشريع"، فلا نكون حصراً مع الشرع الموروث الذي تزعم حركات إسلامية معاصرة أنها لا تضيف شيئاً عليه. ويزيّن لي أن التساؤل في عُمان هو كيف تقرأ الشريعة، وهذا يجب أن يعني قانوناً وضعياً. هذا التمييز بين الإرث الشرعي والكلام الصادر عن أهل الحل والعقد، استقرئه استقراءً ولو لم يتضح في المؤلَّف الذي نراجعه هنا.

يذهلك أيضاً في الحياة الإباضيّة، أن المساواة أمام القانون تستتبع أن للمواطن الحق في تقديم شكوى ضد الإمام. الإنسان الغربي لـم يكن لـه الـحق قبل الثورة

الفرنسية في أن يعترض على الملك الذي كان سيّداً على رعاياه ولم يكن إمام مواطنين.

الجزء الثاني التاريخي في الكتاب لم يكن منقطعاً عن الجانب الأيديولوجي. فتقادم الزمان يعزز الإمامة أو يضعفها حتى سقطت، وإرادة إسقاطها مرتبطة بالاحتلال الأجنبي أو بالحضور الضاغط للأجنبي. لم يكن من الممكن أن تتعادل القوى الخارجيّة الحاضرة في البلد وقوّة أهل البلد. ولكن هؤلاء لم ينسوا يوماً أن هدفهم أن يعودوا أحراراً.

بتصفية الحضور البرتغالي أخذت طبيعة الإمامة تتغيّر. ألم يكن هذا التغيير في طبيعة الإمامة ناتجاً من تذوّق لتركيبة دولة حديثة؟ هل كان الانتقال مع دولة البوسعيدي من نظام الإمامة إلى نظام السلطنة ثمرة لردّ الفعل على الأجنبيّ؟ هنا لعب العامل الجغرافي دوراً في إظهار الفارق السياسي بين الساحل والداخل وتعمّقت الهوّة الثقافيّة بينهما.

من جاذبيّة هذا الكتاب تبيانه للفرق بين احتلال واحتلال. مع ذلك يبقى السؤال عن الفرق بين التأثير الفرنسي الذي لم يكن مكروهاً بصورة كلية والاستعمار

البريطاني، ويبقى التساؤل عن الحركة الوهّابية التي لن "تهضمها" عُمان. لماذا الازدهار عندما كان الموقع الفرنسي يقوى أمام بريطانيا. ويرجع كل شيء في الاختلاف بين إنكلترا والبلد إلى الشهوة الاستعمارية الضخمة بما في ذلك رفض الإنكليز لنظام الرق. هذا أيضاً يُرجعه الدكتور غباش إلى إرادة الاستعمار الغاشم.

غير أني دون شكي المطلق في هذا التحليل أن أتصور أن أوروبا كلها كانت أيديولوجيا ضد الرقّ ولو ألغي في الغرب تدريجاً وكانت ذروة الإلغاء في الحرب الأهلية الأميركية، والشرق لم يكن واعياً كل الوعي لكارثة وجود رقيق.

اليوم تستفيق فرنسا استفاقة كبيرة ليس ضدّ الرقّ فقط وقد زال، ولكن ضدّ كلّ الحركة الكولونيالية التي مارستها الدول الغربية الكبرى. ماذا تعني الحرية ومساواة البشر في ما بينهم إذا بقي عبد واحد في أي بلد؟

أنا أفهم أن تكون كتابة التاريخ كتابة تفسيريّة أي مبتلّة ببعض فلسفة. غير أن ما يثير إعجابك بمحاولة الدكتور غباش التاريخيّة أنها ليست أسيرة فلسفة طاغية. في المرحلة الحديثة عنده عروبة ما ذات نكهة إسلاميّة. ولكن

عنده، بصورة كثيفة، كيانيّة عُمانيّة فريدة جداً في دنيا العرب ودنيا المسلمين. أطروحة يدافع عنها بشراسة حلوة، إذ تجعل عُمان بلداً عظيماً على تقادم الأزمنة كلها. كيف يبدو في عزلة شبه الجزيرة العربية قطعة منها كثيرة التطور في إطار الفلسفة السياسيّة وذلك في إخلاصها للإسلام. واذا كنت على شكّ في هذا فيزول شكّك إذا قرأت ثبت المراجع العربية والأجنبية بدقة.

عندنا هنا دفاع بلا غلوّ عن المواقف العقائديّة والتاريخيّة التي وقفها الشعب العُماني الساحر، والذي استطاع أن يكشف عبقريّته الدكتور حسين غباش

عُمان: ألف عام
من التقليد الديمقراطي

بقلم جيريمي جونز(*)

رغم وجود كتب جيدة عن عُمان لمؤرخين غربيين، مثل كتاب جون بيترسون "عمان في القرن العشرين: الأسس السياسية لدولة ناشئة" (لندن، كروم هيلم، 1978)، لكن وحتى الآن، لم يصدر على الإطلاق أيّ كتاب بالإنكليزية من منظور عربي، بل في الواقع يندر إيجاد مصادر عربية في هذا الموضوع.

لقد قرر حسين غباش سدّ هذا النقص. وينطلق كتابه "عُمان - التقليد الديمقراطي الإسلامي" من جذور

(*) جامعة هارفرد.

أكاديمية غربية، لكنه في الوقت عينه يسلّط ضوءاً منعشاً على موضوعه، ويعكس انتماءه الأصيل إلى الخليج الأدنى.

يستهلّ غباش كتابه بالتاريخ القديم لمذهب الإباضية المنتشر في سلطنة عمان، يسلّم بمركزية مبادئ الشورى والانتخاب الحرّ للإمام والإجماع والتعاقد. فمنذ زمن أوائل الأئمة، تأسس المجتمع العُماني على هذه المبادئ، ويسعى غباش في كتابه ليثبت اعتقاداً جريئاً ومثيراً بأن أئمة الإباضية في عُمان، الذين استمروا في الحكم بين القرنين الثامن والثامن عشر الميلاديين، قد يكونون مثّلوا "أطول تجربة ديمقراطية في تاريخ البشرية."

هذا الاعتقاد يُثير طبعاً جملة أسئلة، ليس أقلها البحث عما تتألف منه الديمقراطية نفسها. وبرغم موافقة غباش على أن الديمقراطية تحققت في التجربة التاريخية الغربية، وإن بشكل واحد على الأقل، إلا أنه يُظهر في كتابه بأن الديمقراطية هي أكثر من مجرد فكرة: إنها مجموعة من الممارسات السياسية، والاجتماعية والثقافية التي قد تبرز في تأويلها الأوسع، في تنوع من السياقات الثقافية

المختلفة، وتتخذ أشكالاً متعددة في كل منها، لكنها تبقي على نقاط جوهرية مشتركة، فينظر إليها دوماً بأنها تحمل سمات تشابه عائلية مشتركة.

بهذا المعنى، كانت الديمقراطية وما تزال مرئية بطرق متعددة في عُمان حيث نجد حافز التشاور، على سبيل المثال، تقليداً مغروساً بعمق في النظام.

لقد أظهر المفكر العُماني الشيخ أفلح الرواحي، أن ممارسة الشورى أمر موجود داخل البيوت كما في الحياة العامة. أكثر من ذلك، فقد جادل بأن جذور هذا التقليد سابقة على الإسلام (محاضرة غير منشورة في أيلول/ سبتمبر 2000 - "المفهوم الإسلامي للشورى والنموذج العُماني").

ويلاحظ غباش أنه فيما لا يمكن للإمام فعل شيء من دون اللجوء إلى الشورى، فإن بعض الإباضيين يرون أن الإجماع في أي قرار مهمّ هو شرط لازم، ما هو بالتأكيد، أكثر ديمقراطية من النهج الفجّ المعتمد في السياسات الغربية، حيث يتحكم الرابح في القرارات كافة.

إن ما يصفه فريدريك بارث بـ"إيديولوجية التهذيب"

المدمجة بقوة في المجتمع العُماني الذكوري، يكمن في صلب هُوِيّة المجتمع العُماني. ويرى بارث أن من المعتاد في المجتمع العُماني الحكم على سلوك شخص تبعاً لـ"قانون شرفي يمنع تداول رأي عام بشأن قيمة شخص ما، سواء بتعابير تتضمن أحكام نقد أو مديحاً أو هزءاً أو ازدراء أو تعاطفاً؛ كما يكبح الإصرار على ادعاء شرف خاص و إبراز امتياز شخصي، والتعبير عن ادعاء بالفخر، بل ينكر حتى حق المرء في الافتخار بنفسه" ("صحار: الثقافة والمجتمع في المدينة العُمانية" - بالتيمور: جامعة جونز هوبكينز للإعلام، 1983، ص. 8).

يألف غباش تماماً هذه القيم. وتفوح من كتابه الهوية العُمانية المعروفة اليوم. "إسمي محمد، كيف حالكم؟" يقول عُماني لأجانب في مساء شتائي في جامعة أوكسفورد، قبل أن يسألهم عن طريقه. ويضحك العُماني فيما يروي لي كيف "نظروا إليّ وكأنني معتوه".

بالطبع، كان هذا العُماني متمدناً بما يكفي لفهم ردة الفعل التي قد تأتي بها عاداته العُمانية في اللطف والمجاملة، لكن من دون أن يتخلى في الوقت عينه عن

طباع المجاملة التي يحتاج إليها للحفاظ على وحدته الداخلية، حتى ولو اضطر أن يبدو كأبله بمنظور الثقافة الأجنبية.

مظاهر التساوي بين الناس هذه تتجسد بشكل ملموس أكثر في تقاليد العُمانيين في اللباس، ويتنبه غباش طوال الوقت لجميع التفاصيل المتعلقة بممارسة هذا المظهر الاجتماعي والثقافي. وهو يبرزها بشكل جميل منذ غلاف كتابه في كلام صورة الشيخ هو المجلس المأخوذة من مجموعة الكاتب الخاصة.

كتاب غباش يغطي الواقع العُماني بكل جوانبه. فهو يسرد باتساق شديد التاريخ القديم، الحقبة البرتغالية، مروراً بسلالة بو سعيد، وصولاً إلى الخطر الاستعماري. وهو، في الوقت عينه، يحمل فهماً عميقاً للأسس الأخلاقية والدينية لمذهب الإباضية، وللهوية العُمانية.

لكن يجدر القول إن الكتاب ليس سهلاً على القراءة، لأنه يتناول قطاعاً واسعاً من الفلسفة والفقه الديني، بمنظور الكاتب الخاص ونبرته المميزة. من شأن ذلك أن يجعله أكثر إغراء لشريحة واسعة من القراء في مجال

العلوم الاجتماعية والدراسات التاريخية. فكتابه يرتبط من
جهة بالدراسات الشرق أوسطية، ومن جهة أخرى
بالدراسات الإسلامية، فضلاً عن سحر المقاربة القدسية
الطابع التي يتبناها. ولعلّ بين أهم خصائصه القوية
الكثيرة، أنه أعاد وضع قصة ارتباط الغرب بعُمان في
مكانها الصحيح.

هذا الكتاب هو تجربة قيّمة للخبراء الغربيين كي
ينصتوا وإن للحظة إلى تاريخ يرويه الجانب الآخر.

عُمان: التقليد الإسلامي الديمقراطي

بقلم جوزف كيشيشيان(*)

حين اعتقلت قوات الأمن العُمانية أكثر من 300 مشتبه فيهم، وصادرت شحنة من الأسلحة في كانون الأول/ ديسمبر 2004 وكانون الثاني/ يناير 2005، كانت قلة توقعت أصداء المعارضة الداخلية التي دعت إلى استعادة نظام الإمامة.

وفي نهاية محاكمة علنية في الثاني من أيار/مايو 2005، حكمت محكمة أمن الدولة على 31 متهماً بالتآمر على قلب الحكم والانتماء إلى منظمة محظورة، وأدين 30 منهم بالتآمر من أجل "قلب النظام بالقوة والسلاح واستبدالها بالإمامة، عبر إنشاء منظمة محظورة سرية".

_____

(*) كاتب أميركي متخصص في الشؤون الخليجية.

وصادق السلطان قابوس بن سعيد على الأحكام الـ31، قبل أن يقرر تخفيفها في التاسع من حزيران/ يونيو 2005، كما فعل مع المتهمين في قضية التآمر المماثلة في العام 1994.

كان بين الموقوفين آنذاك أساتذة في "جامعة السلطان قابوس"، ومسؤولون دينيون في معهد العلوم الدينية، وعدد من الكتاب المحاضرين، وموظفون في وزارتي الصحة والتعليم، ومهندسون من شركة عُمان للتطوير النفطي، ومستشارون في وزارة الشؤون الدينية ومدراء في ديوان البلاط الملكي.

كان جميع هؤلاء المواطنين العُمانيين ينتمون إلى مذهب الإباضية، ومعظمهم من منطقة نزوى. وتعدّ مدينة نزوى تاريخياً مركزاً تعليمياً مهماً، وكانت أيضاً مقراً لتمرد الإمامة في الخمسينات. وهي معروفة حتى الآن بأنها المعقل للإباضيين، الذين تنغرس معتقداتهم في عمق المجتمع العُماني. وقد اعترف المتهمون بأنهم انضمّوا إلى "منظمة سرية" في التسعينات من أجل تفعيل الفقه الإباضي المهدّد بالانقراض وتقويته.

عن تاريخ هذه الإمامة، كتب حسين غباش، سفير

الإمارات إلى الأونيسكو، كتاباً استثنائياً مفيداً جادل فيه بأن مذهب الإباضة يلعب دوراً مركزياً في تشكيل الدولة والديمقراطية في عُمان. ويشكّل الكتاب مراجعة بذل فيها الكاتب جهداً قيّماً ليظهر كيف أن التدخلات الأجنبية دمرت الديمقراطية العُمانية.

رغم ذلك، فالكاتب يناقش بأسلوب مقنع كيف فشل الغزاة المتعاقبون - بدءاً من البرتغاليين وانتهاء بالبريطانيين - في طمس الإمامة، ولم يتمكن أي دخيل من استئصال ما حفره النموذج الإباضي. ويستند غباش إلى وثائق وافرة ليثبت نظريته، معززاً إياها بتحليلات قاطعة من منظور إقليمي.

في الكتاب، رغم ذلك، بعض المشاكل التقنية التي يمكن حلّها بسهولة في نسخة مصححة مستقبلية. والسبب يعود إلى أن كثيراً من تعابير النسخة الأصلية المكتوبة بالفرنسية تركت كما هي، كما بقيت بعض الجداول الملحقة بالفرنسية أيضاً، ما قد يربك القارئ الانكليزي. في النهاية، رغم أن غباش يستند إلى مراجع غنية جداً، إلا أن معظمها يعود تاريخها إلى ما قبل التسعينات. لذلك فإن من شأن نسخة مراجعة ومحدثة تتضمن تقييماً لمرحلة

ما بعد السبعينات، أن تدمج غنى المواد المتوافرة فتعزز دراسته الممتازة.

ينقسم الكتاب إلى قسمين: الأول يقدم تحليلاً لامعاً للإمامة، معتقدات الإباضية، تأسيس الدولة الإباضية، وولادة نظام السلطنة في ظل حكم سلالة أبو سعيد. ويتوغل القسم الثاني في التهديد الاستعماري لنظام الإمامة، تأسيس ثم تدمير إمبراطورية عُمان الأفريقية، ثورة عزان بن قيس، والتدمير البريطاني للدولة.

وبقدر ما يعجّ التاريخ الألفي بالأحداث التي ظللت عُمان وصنعت الهوية العُمانية، يشكّل الكتاب مدخلاً رائعاً للذين يرغبون في النهل من هذا المرجع النقدي. وهو ضروري لشرح أسباب هزيمة عُمان وتقسيمها، ربما تفادياً لأي تهديدات مماثلة في المستقبل.

في كتابه، يطرح غباش تحليلاً معقداً للإباضية، مقتفياً جذورها في حركة الخوارج التي انبثقت عن خلافات مبكرة داخل العقيدة الشيعية. وهو يرفض تعبير "الخوارج" الذي يرتبط بمفهوم الخصوم، والذي أطلق على الذين رفضوا جهود تحكيم الإمام علي مع الحاكم معاوية.

ولذلك، يدعوهم بـ"المحكمين الإباضيين الأوائل"، لأن الإمام علي أدرك هو نفسه - بعد فوات الأوان - أنه تعرض للخديعة (ص. 19، و24-26). ترتبط هذه الحادثة التي عاشت أكثر من ألف عام، بنظرية الاستقلالية الأصلية للفكر كما تحددها الكتب المقدسة. استقلالية لم تندثر من البنية النفسية العُمانية قط، وهي بارزة بوضوح اليوم، حيث تكاد لا تجد عُمانيين يعنون بالدعوة الدينية، إذ يحتفظ أكثرهم بمفاهيمهم الخاصة بشأن ما طلبه الخالق من المؤمنين عبر النبي.

من المهمّ أيضاً الإشارة إلى أن الإباضية ظهرت كـ"عقيدة تطورت كلياً بعيداً عن "المذهبين السني والشيعي" (ص.27).

لقد طوّر العلماء الإباضيون مجلس علماء فضلاً عن "مجلس عام" (مجلس شيوخ) و"مجلس حَمَلة العلم"،(المعرفة) وجميعها مجالس أوجبت حسن التنظيم والانضباط والإجماع. ثم تبنّى هؤلاء العلماء سريعاً المبادئ الأساسية للتسامح، وسلطة الحاكم العادل (ص.28-29).

37

ولأن الفقهاء الإباضيين استنتجوا أن حكم الإمام هو مؤقت وليس إلهياً أبدياً، فقد أتاحوا للمؤمنين حقّ معارضته وحتى إطاحته، إذا لم يكن تقياً أو كان ظالماً (ص. 32-33).

ويشرح غباش كيف أن مبادئ الشورى والانتخابات الحرة للزعماء - التي يمكن أن تماثل مبدأي الإجماع والتعاقد في التقاليد المعاصرة - هي ممارسات للديمقراطية، مفترضاً أن نظام الإمامة الإباضية "قد يكون أطول تجربة ديمقراطية في تاريخ البشرية" (ص.6).

ما يعزز هذا الافتراض هو حقيقة أن ذلك النظام كان "معتدلاً، دستورياً ومتمكناً، من خلال تأكيد استمرارية الديمقراطية ورؤيتها تتجذر تدريجياً في الثقافة العُمانية" (ص.9).

وفي الواقع، يثبت غباش أن النموذج الإباضي وحّد الكثير من الإقطاعات القبلية التي كانت مبعثرة في الأجزاء الجنوبية لشبه الجزيرة العربية أيام اليعاربة (1624-1741)، ما شكّل حقيقة "مثالاً استثنائياً للدولة الإسلامية" (ص.14).

بالفعل، وبالاستناد إلى صلاحياته، لا يمكن لإمام أن يحكم من دون مشاورات منتظمة ومفتوحة، ما كرّس بالطبع بناء الدستور المستقبلي (ص.40).

رغم ذلك، ومع حلول نهاية القرن الثالث، اندثر نظام الإمامة، وتبعه الانحلال القبلي، ثم الملكية، فالاستعمار. والمؤسف أن هذه الظروف استمرّت 500 عام، بسبب النزاعات الداخلية.

بعد هذا التقديم والتحليل الغني، ينتقل غباش إلى التدخلات الأجنبية، بدءاً بالغزو البرتغالي واحتلال هرمز في العام 1508 م. وتستحق الـ150 عاماً من الهيمنة والحكم البرتغاليين على المناطق الساحلية المزيد من الانتباه المفصّل المتوافر هنا، رغم أن اهتمام غباش الرئيسي كان في رسم خلفية للدولة اليعربية. (من أجل دراسة دقيقة في هذا الموضع، أنظر فالح هندهال، العرب والبرتغال في التاريخ، 93 إلى 1134 هجري، 771 إلى 1720 ميلادي - أكثر من ألف سنة من الأحداث بين الأمتين - أبوظبي، الإمارات: المؤسسة الثقافية، 1997).

تركّز إرث سلالة اليعاربة في إعادة إصلاح نظام الإمامة في ظلّ "مناخ من الحرية" (ص.60).

المفارقة أنه فيما انتصبت الحرية والمشاورات وانتخاب الأئمة المتلاحقين كركائز قوة لهذا النظام، تمثلت نقاط الضعف تدريجاً بمحاباة الأقارب والجشع.

وما وضع حداً في النهاية لتلك الحقبة كان عدم شرعية الإمام سيف بن سلطان الثاني، الذي وصل إلى الحكم في ثلاث مناسبات مختلفة، معتمداً على مساعدة الفرس لتثبيت نفوذه (ص.60-61). وقد استحثّت حرب أهلية بشعة جداً (1718-1737)، يتبعها اجتياح فارسي حسن النيات (1737-1741) الزعماء الطموحين أخيراً على تقوية العُمانيين بالوطنية. وكان على حاكم مدينة صحار الساحلية، أحمد بن سعيد آل بو سعيد، أن ينجز مهمة الاستقلال. كان أحمد بن سعيد ذلك الرجل النادر البصيرة الذي حرّر عُمان من الفرس. ولعله كان أول عُماني وطني (ص.66-67)، رغم أن حكمه الطويل (1741-1783) الذي سقط بدوره بيد المكائد الأجنبية - بين فرنسا وبريطانيا - تحول إلى نظام السلطنة.

ولإنقاذ الدولة من أي سفك دماء مستقبلي، قبل أحمد ابن سعيد منصب الإمام، رغم أنه افتقد الإجماع الكامل

حوله. وقد اعتبر انتخابه "حالة خاصة" لأنه، كرجل دولة، نجح في "جعل العرف يطيع السياسة وليس العكس" (ص.70).

وتجدر الملاحظة أن الزعماء الإباضيين استنتجوا أن أحمد استحق دعمهم الكامل لأنه رفض الهيمنة الاستعمارية، وحشد الأكثرية حول تيار وطني. وكان هذا بمثابة استحقاق استثنائي. وبحسب غباش، "منح أحمد أولاده لقب السيّاد ليهيئهم لتولي السلطة، الأمر الذي لا علاقة له على الإطلاق بلقب السيّاد الذي كان يطلق على المتحدرين من النبي". هنا أيضاً، كان تناقل السلطة مسألة مركزية في لعبة استمرارية النظام. ومن الصعب معرفة ما إذا كان أحمد بن سعيد محقاً في منح أولاده لقباً كهذا، في وقت تولى هو نفسه السلطة تبعاً لأصول سياسية.

وفي هذا الشأن، يقول غباش بنوع من الانتقاد إن سعيد بن أحمد كان خلفاً غير شرعي، وإن "إمامته لم تكن دستورية لأنها لم تحظَ بالإجماع المطلوب من العلماء وبموافقتهم" (ص.73).

بكلمات أخرى، كان هذا الإمام يفتقر إلى البيعة، والأسوأ أنه منح ابنه اسم حمد ليحكم المنطقة الساحلية

بصفة حاكم. ولم يكن مفاجئاً تماماً أن ينقلب شقيقا سعيد، قيس وسلطان، على حمد، ويرغماه على التنحي عن منصبه.

وقعت هذه المكائد البلاطية في وقت اقترف فيه بعض العُمانيين خطيئة عظمى: وافق سلطان بن أحمد بكل حماقة على وساطة بريطانية، بل والأكثر من ذلك، وقّع في 12 تشرين الأول/أكتوبر 1798 معاهدة "صداقة" مع البريطانيين.

فشل سلطان في التنبه إلى أن القوى الأجنبية لم تكن تضمر أي صداقات، وأن حكمه في مسقط بات هشاً منذ افتقاده شرعية الإمامة. بهذا الجدل، وحتى نهاية الكتاب، يروي غباش كيف هدد المسؤولون البريطانيون العُمانيين وأرهبوهم كما فعلوا بشعوب عربية أخرى.

في العام 1804، مات سلطان بن أحمد ولم يترك أي خلف واضح. وفي العامين اللاحقين، وقعت سلسلة معارك بين عدد من العُمانيين الطامحين إلى الحكم، انتهت بفوز سعيد بن سلطان الذي لم يكن قد أكمل السابعة عشرة من عمره بعد. وتولى هذا الحاكم السلطة طوال نصف قرن

(1856-1806)، ليصبح أول "سيّد" معترف به. وحينها "منح لقب سلطان، ثم أطلق عليه لاحقاً لقب المعظّم" (ص.84).

رغم ذلك، سرعان ما انهار بعد حكمه نظام الإمامة القائم في الداخل كما نظام السلطنة السائد في السواحل. فرغم أن نظام الإمامة كان من وضع أسس الديمقراطية العُمانية، إلا أن حكم التوريث أصبح النموذج المتبع وخاصة في مسقط. واستهلكت المواجهات الموسمية بين قوى الإمامة والسلاطين المتعاقبين معظم الموارد والطاقات، فيما مزّق البريطانيون ببطء السلطنة العُمانية القوية في شرق أفريقيا.

وفي عهد سعيد بن أحمد، طوّرت عُمان هذه السلطنة في زنزيبار، ونشطت في تجارة حثيثة مع العديد من البلدان، وأرسلت بشكل دوري سفناً محمّلة إلى مختلف الموانئ في مهمات إبداء حسن النية. وفي هذا السياق، وصلت السلطنة إلى ميناء نيويورك في 30 نيسان/أبريل 1840، في وقت أسست فيه عُمان والولايات المتحدة علاقاتهما الرسمية.

باختصار، كانت عُمان كياناً سياسياً واقتصادياً متنامياً

43

وقادراً على اللحاق بمصالح شعبه وتأمين الازدهار لهم.
وبطبيعة الحال، فقد جذبت هذه المظاهر أنظار الطامحين
إلى مشاريع في شبه الجزيرة العربية، وخاصة بريطانيا
وفرنسا.

ووقعت المأساة حين ارتكب سعيد المعظّم خطأً
فاضحاً، حين دعا لندن إلى تأمين عرشين لولديه، خالد
وثويني: أحدهما في زنزيبار والآخر في مسقط. وبذل
غباش جهداً ليوضح كيف كان هذا الأمر بمثابة هدية
للذين كانوا يطمحون إلى تقسيم عُمان إلى كيانين منفصلين
(ص.110-117).

بالنسبة إلى غباش، حققت لندن أهدافها الطويلة الأمد
حتى صعود عزان بن قيس (1869-1871)، الذي قاد
ثورة جديدة لاستعادة الأراضي التي تمت خسارتها
(ص.27-122).

المفاجئ أن صعود عزان أدى إلى انهيار نظام السلطنة
بعد 90 عاماً من الحكم شبه المستقل. وإذا كان السلطان
آنذاك يفتقد الشرعية فضلاً عن الدعم الشعبي، فإن عزان
بن قيس سدّ النقصين ببرنامج صلب من أربع نقاط ضخّ
النشاط في المجتمع العُماني. فقد أبطل بسرعة الولاءات

العشائرية المنقسمة، ووحّدها تحت النموذج الإباضي.
بعدها أخرج القوات السعودية من واحة البريمي بالقوة.

ورغم أن البريطانيين كانوا على الأرجح قد تأقلموا مع
هاتين المبادرتين، إلا أنهم اعترضوا حين أصرّ عزان على
إنهاء الهيمنة والنفوذ البريطانيين، ثم اعترفوا بإمامته وقبلوا
السيادة العُمانية.

لكنّ ما رفع النقمة على عزان كان إصراره على أن
تستعيد عُمان زنزيبار، فضلاً عن غوادار (في باكستان)
وبندر عباس (في إيران).

في البداية، نجح عزان في توحيد المجتمع العُماني
وتحرير البريمي. لكن البريطانيين، لاحقاً، ضاعفوا إثارتهم
لفكرة حقوق "الأقليات" المفترضة، ما سمح على ما يبدو
بالتدخل في الشؤون الداخلية للدولة. في ذلك الوقت،
دعمت لندن سيد تركي بن سعيد في مواجهة عزان. وكان
الأسوأ من فكرة وضع "الأقليات" التي اختلقتها لندن
والتي كشفت عن فعالية تامة، الشرط الذي فرضته على
تركي للسماح له بتولي السلطة: التنازل الكامل عن الوحدة
مع زنزيبار. بالنسبة إلى غباش، "كان مطمح بريطانيا

العظمى هو تمزيق التاريخ العُماني وتدمير حضارة هذا البلد" (ص. 134).

وتحولت عُمان بسرعة إلى "مستعمرة غير رسمية" (ص.137)، ثم، بعد العام 1891، صارت الإقطاع التابع للعرش البريطاني. ويعتبر غباش اتفاق العام 1891 بعدم نقل أي أرض عُمانية لقوى أجنبية غير بريطانيا "أحد أخطر الوثائق وأكثرها إثارة للشبهة بين التي وقعتها عُمان في تاريخها" (ص.142).

ويورد غباش مقتبسات وافرة من اللورد ناتانيال كورزون، وهو عنصري باعترافه كان يجاهر بازدرائه للعرب (ص.145-148). وقد كانت الطريقة التي عُومل بها السلطان وخلفاؤه هزلية، إن لم تكن خسيسة أقرب إلى الازدراء. ولم يُسمح لسيئ الحظ فيصل بن تركي (1888-1913) حتى بالتنحي.

لا عجب أن تندلع بعدها ثورة أخرى في العام 1913، فيما أطلقت الإمامة حرباً استمرت سبعة أعوام من أجل الدفاع عن الدولة ضد القوات الأجنبية المغتصبة.

في ذلك الوقت سعى الإمام سالم بن راشد الخَروصي (1913-1919) لإنهاء نظام السلطنة، والقضاء على

الاحتلال البريطاني للمؤسسة السياسية، وإعادة بسط سيطرة هذه المؤسسة على دولة موحّدة. لكن الأوان، ربما، كان قد فات على خطوات كهذه، فيما كانت لندن مصممة على التمسك بمكاسبها. في الواقع، يوثّق غباش كم كانت لندن راغبة في الذهاب إلى "حرب فورية وحتى مع احتمال تجويع الشعب"، من أجل "تركيع الإمامة" (ص.166).

وفي مواجهة القوة البريطانية الهائلة، استسلمت سلطات الإمامة وطلب إليها توقيع معاهدة السيب في العام 1920. وتولى سلطان جديد الحكم في مسقط هو تيمور بن فيصل (1913-1931)، الذي مارس سلطاته على عاصمة أفرغت من السكان العُمانيين، رغم أنه كان حاكماً متوافقاً عليه بشكل واسع.

وقسّمت المعاهدة عُمان إلى قسمين: الإمامة في الداخل تحت حكم محمد بن عبدالله الخليلي (1919-1954)، والسلطنة في مسقط على الساحل تحت حكم تيمور. وكما حصل مع سلفَيْه، لم يُسمح لتيمور بالتنحي من منصبه (ص.175) حين رغب في ذلك. واستمرّ الوضع على هذه الصورة المُرضية للبريطانيين، الذين عملوا على عزل الإمامة في الداخل عن بقية الدولة، وركزوا جهودهم

على "الشفاء" من السلطنة، وألقوا باللوم على سعيد بن تيمور (1931-1970) في الوقوف بوجه "أي نوع من التطور" (ص.178).

وفيما يصحّ لوم سيّد سعيد للكثير من الموانع التي فرضها على العُمانيين في عهده، إلا أن نصيباً موازياً من اللوم يقع أيضاً على الذين تمنوا انزلاق عُمان إلى النسيان.

وبقي الوضع متوتراً حتى أشعلت الشركات البريطانية مجدداً أزمة واحة البريمي عبر مسألة ترسيم حدودها قبل استثمار نفطها. وقاد الإمام غالب بن علي الهنائي (1954-1964) ثورة جديدة. وكان هذا المبرر المنتظر للانتقام: في العام 1954، هاجمت القوات البريطانية المدعومة بقوات مجنّدة من السلطنة مدينة ابري. أعقبت ذلك حرب طويلة استهلكت المصادر الهزيلة لسيّد سعيد إلى أن وقع الانقلاب الذي أتى بالسلطان قابوس إلى الحكم في العام 1970.

يختتم غباش كتابه الموثّق بمستندات تظهر المكائد البريطانية خلال الحرب وبعدها لدى الأمم المتحدة، حين تمّ طرح "مسألة عُمان". ويخلص بجرأة إلى أن بريطانيا اعتبرت الحركة الإباضية "خصمها الطبيعي" (ص.198)،

وأن القرارات البريطانية المختلفة تماثلت في مطمح "إزالة عُمان بكل بساطة من التاريخ" (ص.199). بل ويقول غباش أيضاً ، إنه و"برغم أن الحركة الإباضية ليست موجودة على الساحة السياسية اليوم، إلا أنها تبقى موجودة بقوة وفاعلية في الحياة الدينية والاجتماعية، وفي اللاوعي العُماني. وهي لا تزال تمثّل كعقيدة، المرجع النهائي لعُمان والعُمانيين" (ص.203).

بالفعل، تشرح دراسة غباش لماذا رفض السلطان قابوس صعود إمام جديد في العام 2005، باعتبار أن حدثاً كهذا قد يتطور إلى انقسام متجدد، ومع الوقت إلى حرب أهلية جديدة.

على غرار الوطنيِّين المؤثّرين أحمد بن سعيد وعزان بن قيس، كان قابوس أكثر من مجرد سلطان.

في أوائل العام 2005، اختار قابوس أن يمدد فترة إقامته قرب نزوى، خلال جولته السلطانية السنوية. وبقي هناك بضعة أشهر، ورغم أن السلطان كان مطمئناً إلى عدم وجود علاقة بين الإباضية وتنظيم "القاعدة"، إلا أنه أعرب عن حزنه الشديد لارتباط أنصار الإباضيين بمحاولات إشاعة الاضطراب.

مع ذلك، وفيما لم يبلغ التحدي الأخير لسلطة مسقط حدّ التهديد المتطرف لاستقرار السلطنة الاجتماعي والسياسي، إلا أنه أظهر وجود قوى معارضة أهلية.

لقد حاكمت مسقط الجناة من دون ذعر لا ضرورة له، وما إن أمنت إدانتهم حتى مارست امتيازها بمنح العفو الكامل. وبالنظر إلى تقاليد الإمامة التي توارثتها السلطنة، وفي ضوء ثلاثة عقود من مشاريع المأسسة في مسقط، ماذا سيفيد وصول خصوم دينيين إلى السلطة في عُمان؟

من الواضح الآن أن الزعماء الإباضيين، من المفتي الكبير إلى الشيوخ المحليين، قد علقوا بالكامل في مصنع المجتمع العُماني لبناء الدولة. وما لم يتم القضاء على خطر انبعاث ما، من الممكن أن نشهد انبثاق مَلَكية إمامية يترأسها واحد من آل سعيد. وإن نظاماً كهذا سيسمح لرئيس الدولة بتوزيع العدالة السياسية مع الاحتفاظ بلقب الزعيم الديني.

وبحسب العُرف الإباضي، يجب أن تستند هذه الملكية العُمانية إلى ثوابت قضائية شرعية، لتعزيز التناغم في أعلى مراتب الدولة.

لن يقبل جميع العُمانيين هذا البديل، لكن لا يمكن

أيضاً استبعاد مثل هذا الاحتمال، بالنظر إلى سجل قابوس في التجديد. بل يمكن لهذا البديل أن يحظى بدعم شعبي لأنه سيجلب معه إصلاحات أساسية في تاريخ السلطنة. كما قد يحقق، بحسب غباش، الشروط المطلوب توافرها في أي حاكم عُماني: الحكم وفقاً لمبادئ الشورى والانتخابات الحرة للزعماء، واستعادة الممارسات الديمقراطية التي عرفتها عُمان.

تقاليد الإمامة والتاريخ السياسي
الحديث لعمان

عرض د. صفاء الجنابي [*]

يمتلك كتاب د. حسين عبيد غانم غباش «عمان ـ
الديمقراطية الإسلامية ـ تقاليد الإمامة والتاريخ السياسي
الحديث 1500 ـ 1970» أهمية خاصة، وذلك لقيام
الباحث بدراسة مؤسسة الإمامة في عمان بتقاليدها العريقة
المستندة إلى تعاليم المذهب الإباضي وعلاقة هذه
المؤسسة بمرحلة طويلة من تاريخ البلد السياسي تمتد
حوالى خمسة قرون، منذ بداية القرن السادس عشر حتى
السبعينات من هذا القرن.

---

[*] كاتب من العراق.

ويعد هذا الكتاب من الدراسات العلمية الرصينة والشاملة التي تتناول موضوعاً مهماً في التراث الديني والثقافي والسياسي لعمان، وذلك لأن الباحث قد قدم لنا صورة بانورامية متكاملة للوضع السياسي والثقافي والاجتماعي لعمان في العصر الحديث بكل تفاصيله وأحداثه وتناقضاته، وعلاقته بالمذهب الإباضي منذ قيامه بأصوله الفكرية وتقاليده ومؤسساته. وبذلك، فإن هذه الدراسة تمتاز عن سابقاتها بأنها لم تقتصر على معالجة مرحلة معينة من تاريخ عمان أو جانب معيَّن منه بشكل مستقل، وتختلف كذلك عن دراسات أولئك المؤرخين والباحثين الأجانب التي كتبت وفق منظور استعماري واتسمت ببعدها عن الموضوعية وخدمة أطماع بلدانهم ومصالحها.

اعتمد الباحث في دراسته (وهي في الأصل دراسة أكاديمية للحصول على شهادة الدكتوراه في العلوم السياسية من جامعة نانتير ــ باريس العاشرة) على مصادر مختلفة باللغات العربية والفرنسية والانجليزية. فإلى جانب المخطوطات الإباضية التي يعود تاريخها إلى قرون خلت والصادرة عن وزارة التراث القومي والثقافة العمانية، توجه

الباحث إلى الوثائق الرسمية في الأرشيف الحكومي الفرنسي التابع لوزارة الخارجية الفرنسية والأرشيف الانجليزي باللغات التي أشرنا إليها وعدد من الأطروحات العلمية التي تتناول الموضوع نفسه.

يتكوَّن الكتاب من بابين ويشتمل على عشرة فصول، يتضمن كل فصل منها عدة أقسام.

يورد المؤلف في مقدمة كتابه بعض التعاريف السائدة لمفهوم الديمقراطية في الغرب والتي تعتبر إفرازاً للمجتمع الغربي بخصوصيته وتقاليده وقناعاته وقيمه وثقافته، ويؤكد أن بإمكان المجتمعات العربية والإسلامية تقديم نماذج خاصة بها من هذه الديمقراطية، بما يتناسب مع خصوصياتها الثقافية والتاريخية، وبما يؤمن تحقيق العدالة والمساواة لأفرادها. ولما كانت قيم الفضيلة ومبادىء العدالة والمساواة والشورى والإجماع هي أساس السلطة في الإسلام، فإن هذه المثل العليا تصلح لأن تكون الأرضية التي تستند إليها الديمقراطية الإسلامية.

ويطرح المؤلف نموذج الديمقراطية الإسلامية العمانية في ضوء المرتكزات الأساسية لنظام الإمامة الإباضية، التي تلتزم بالقيم الإسلامية والتقاليد العربية وتتكون من سبعة

أعمدة وهي: 1 ـ مبدأ الإجماع والتعاقد (الشورى والبيعة) 2 ـ مبدأ الانتخاب الـحـر للإمـام 3 ـ الـدسـتـور، 4 ـ مؤسسات الإمامة: المجالس، 5 ـ مبدأ استقلال القانون والمساواة أمام القانون، 6 ـ قانون الزكاة، 7 ـ إلغاء الجيش في زمن السلم.

يُفرد المؤلف الفصل الأول من كتابه للحديث عن المذهب الإباضي ونشأته وظهوره في عهد الخليفة علي بن أبي طالب بعد حادثة التحكيم المعروفة بمعركة صفين، حيث سُمِّي أتباع هـذا المـذهب، وهـم مـن الـخـوارج، بالإباضية نسبةً إلى واحد من أوائل رموزه وهو عبدالله بن إباض.

ويتحدث المؤلف في هـذا الفصـل عن المـذهب الإباضي في السياق المذهبي الإسلامي وعن نظام الإمامة وتقاليده ومؤسساته.

يتناول الفصل الثاني من الكتاب الحقبة البرتغالية (1500 ـ 1650) الـتي شهـدت صـراع المـسـتـعـمـريـن الأوروبيين من برتغاليين وانجليز وفرنسيين على المنطقة في عصر الاكتشافات والتنافس التجاري الدولي بسبب موقعها الاستراتيجي والتجاري المميز.

ولم يكن للإمامة التي فقدت قوتها منذ عام 1154 مع مجيء ملوك بني نبهان وتعاقبهم على السلطة، دور يذكر في مجرى الأحداث في عمان التي دخلت مرحلة انحدار وانطواء سياسي واقتصادي طويلة.

يتحدث الفصل الثالث عن المثال الإباضي للدول الإسلامية في التاريخ الحديث ونشوء الدولة اليعربية (1624 ـ 1749) التي أسسها ناصر بن مرشد اليعربي. في هذه الحقبة، ظهرت الإمامة في عمان من جديد نتيجة الاتفاق بين مدرستي نزوى والرستاق، وتحقّقت خلالها وحدة البلاد الاجتماعية واختفت روح العصبية القبلية. وتم في عهد سلطان بن سيف (1649 ـ 1688) تحرير عمان من المحتلين وطرد البرتغاليين من شرق أفريقيا وإقامة الدولة العمانية (العربية ـ الأفريقية).

واستعادت عمان موقعها كأقوى دولة بحرية في المحيط الهندي يمتد نفوذها من الخليج إلى شرق أفريقيا.

ويورد المؤلف انتقاده للدولة اليعربية في تحولها إلى النظام السلالي في عهد بلعرب بن سلطان (1588 ـ 1711)، الذي تولى الإمامة بعد وفاة أبيه، ويؤكد أن هذه الحادثة تعد سابقة وثغرة دستورية في نظام الإمامة وخرقاً

للتقاليد الإباضية التي ترفض المبدأ السلالي في انتخاب الإمام، وأدى بروز مثل هذا النوع من الانتخاب إلى غياب الخليفة المقبول وولّد صراعاً مريراً على السلطة وفجَّر الموقف السياسي والقبلي في البلاد مما ساعد على سقوط الدولة اليعربية.

يستعرض المؤلف في الفصل الرابع قيام دولة البوسعيدي وانتقال السلطة من نظام الإمامة الذي انتهى إبان الحرب الأهلية (1728 ـ 1737)، إلى نظام السلطنة الذي بدأ مع عهد أحمد بن سعيد (1741 ـ 1783) مؤسس هذه الدولة، الذي استطاع إنهاء الحرب الأهلية وإخراج عمان من أزماتها وتطوير إدارة البلاد وتحسين مكانتها وقوتها البحرية في المحيط الهندي والخليج العربي، والإسهام في تشكيل تاريخها الحديث، تاريخ السلطنة كبديل لنظام الإمامة، وإرساء أسس الهوية السياسية الوطنية والثقافية.

وشهدت الفترة التي أعقبت وفاة أحمد بن سعيد عام 1783 ظهور خارطة سياسية وطنية جديدة وأصبح لعمان عاصمتان: نزوى العاصمة التقليدية والمركز الديني والروحي للداخل ومسقط العاصمة التجارية والسياسية

للساحل، وامتازت هذه المرحلة بظهور التغيير على المشهد الدبلوماسي تمثل في سعي عمان لإقامة العلاقات مع فرنسا من أجل الحد من النفوذ البريطاني المتعاظم في المنطقة رغم تعثره بسبب حملة نابوليون بونابرت على مصر.

وتمكن الانجليز في هذه الفترة من تحقيق نجاح كبير في سياستهم بعقد اتفاقية مع عمان عام 1798 التي تعد أول معاهدة بين بلد عربي وبريطانيا، والتي أعطت نوعاً من الغطاء الشرعي للوجود البريطاني في المنطقة.

يتناول الفصل الخامس مرحلة هامة في التاريخ الحديث للمنطقة التي تعرف باسم جلفار أو «ساحل عمان»، والتي شهدت ظهور قوى وتشكيلات قبلية وسياسية جديدة على الساحة.

ويعالج الفصل تشكيل الهوية الوطنية لهذه المنطقة وحدودها السياسية ويلقي الضوء على خصوصية التاريخ المشترك بين عمان و «ساحل عمان».

ويشير المؤلف إلى ظهور كيانين قبليين سياسيين مستقلين في منطقة «ساحل عمان» تزامناً مع ظهور سلالة البوسعيدي في منتصف القرن الثامن عشر في عمان.

الكيان الأول هو اتحاد قبيلة بني ياس وحلفائها، وكان يؤلف قوة برية تقودها أسرة آل نهيان التي أقامت أولاً في الظفرة ثم في جزيرة أبو ظبي، والكيان الثاني هو القواسم، وهي قوة بحريَّة هامة اتخذت من رأس الخيمة مركزاً رئيسياً لها. ويلاحظ أن هذه المنطقة عندما كانت تواجه انجلترا، كان يطلق البريطانيون عليها اسم «ساحل القراصنة»، وعندما تُخضعها بالقوة كانت تسمي هذه المنطقة بـ «الساحل المهادن» أو «الساحل المتصالح».

ويعتبر المؤلف أن ظهور البوسعيدي في عُمان والقواسم وبني ياس في منطقة «ساحل عمان» من أعظم التحولات الجغرافية السياسية في المنطقة، حيث وجد هذا الواقع الجديد تعبيره السياسي ـ الإقليمي ووضع حداً للحدود التاريخية القديمة لتظهر محلها حدود سياسية جديدة ومستقلة.

يتحدث الفصل السادس عن التاريخ الطويل للدولة العمانية ـ الأفريقية (1650 ـ 1860) والروابط التاريخية القديمة مع الجماعات العربية العمانية الإسلامية القاطنة شرق أفريقيا (ساحل زنجبار)، الذي يعتبر امتداداً لعمان،

حتى أصبح في القرن التاسع عشر المركز الحقيقي
والعاصمة الأفريقية البديلة للدولة العمانية التي كانت تنوء
تحت ثقل التوسع البريطاني وهيمنته.

ويتطرق الكتاب إلى سعي السلطان بن سعيد بن
سلطان (1806 ــ 1856) إلى خلق توازنات جديدة على
الساحة السياسية آنذاك من شأنها أن تخفف من وطأة
السيطرة الانجليزية، التي انعكست في حصول فرنسا على
حق تعيين قنصل في مسقط عام 1837 وآخر في زنجبار
عام 1844، إضافة إلى توقيع أول اتفاقية مع حكومة
الولايات المتحدة الأميركية عام 1833، والمعاهدة
الفرنسية العمانية عام 1844.

ويشير المؤلف إلى تراجع دور عُمان الخصم الإقليمي
لبريطانيا ولم تعد تملك قوة بحرية ضاربة. إذ هبط عدد
القطع البحرية عام 1856 إلى خمس قطع لم تكن صالحة
للإبحار، وهذا ما ينسجم مع السياسة البريطانية المرسومة
لمنطقة الخليج.

وهنا يتضح جلياً الوضع الذي كان قائماً عشية انفصال
زنجبار عن سلطنة عمان.

يستعرض الفصل السابع ثورة الإمام عزان بن قيس البوسعيدي والأسباب التي أدت إلى قيامها والتعجيل بها بعد تولي سالم بن ثويني (1866 – 1868) السلطة إثر قيامه بقتل أبيه.

ويرى المؤلف أن وصول الإمام عزان بن قيس إلى الحكم في ضوء انتخابه تبعاً للمراسم التقليدية للإمامة الإباضية يعتبر بداية مرحلة جديدة ألغت بموجبها نظام الوراثة. ولم تفلح هذه الثورة في تحقيق برنامجها، وانتهت بمجيء السيد تركي بن سعيد إلى دفة الحكم وبمباركة من بريطانيا.

يتناول الفصل الثامن عهد السلطان فيصل بن تركي (1888 – 1913) الذي عرف بمواقفه الوطنية الواضحة ومحاولته الوقوف بشكل حازم ضد بريطانيا، وسعيه من أجل استقلال بلاده استقلالاً حقيقياً عن أي نفوذ أجنبي. وقد امتازت هذه الفترة بالنزاع الانجليزي – الفرنسي. ويرى المؤلف أن بريطانيا التي تخلت عن مشروع ضم مسقط ومطرح إليها، وفشلت في مشروع فرض حماية مباشرة على عُمان نتيجة لاعتراض فرنسا، قد وجدت

61

البديل المناسب في التعهد المانع الشهير (1891) الذي حول عُمان إلى مستعمرة غير رسمية.

ويقترن عهد السلطان فيصل بن تركي بأزمات عديدة مثل «أزمة مسقط» حول رفض بريطانيا قيام عمان بمنح فرنسا مستودعاً للفحم على أراضيها، وكذلك أزمة الأعلام الفرنسية التي كانت السفن العمانية ترفعها، وجرى التحكيم عليها أمام محكمة لاهاي الدولية.

يسلّط الفصل التاسع الضوء على مرحلة جديدة من تاريخ عمان الحديث يمتد من عام 1913، حتى عام 1955. وقد شهدت هذه الفترة استحكام النفوذ البريطاني على عمان بعد أن ربحت بريطانيا قضية التحكيم في النزاع حول الأعلام الفرنسية عام 1904. ثم قامت بريطانيا بطرح شعار جديد لإحكام السيطرة البحرية على المنطقة، وهو شعار مكافحة تجارة السلاح الذي خلف شعار مكافحة تجارة الرقيق في القرن التاسع عشر.

وامتازت هذه الفترة بنهوض جديد للحركة الإباضية تمثل في الثورة التي قادها الإمام سالم بن راشد الخَروصي (1913 ـ 1919).

ثم يتحدث المؤلف عن إمامة محمد بن عبداللَّه

الخليلي (1919 ــ 1954) الذي خلف الإمام الخروصي إثر اغتياله على يد أحد البدو الخارجين عن القانون.

وانتهت ثورة 1913، بعد سبع سنوات من الحرب، إلى تقسيم عمان إلى قسمين شبه مستقلين: «إمامة عمان» في الداخل، و«سلطنة مسقط» على الساحل بموجب معاهدة السيب 1920.

ويتحدث الفصل كذلك عن تنازل السلطان تيمور بن فيصل عن الحكم لابنه سعيد عام 1931، وملابسات هذا الموضوع والظروف التي أدت إلى ذلك.

ويجيء الفصل العاشر خاتمة لمرحلة هامة وشائكة وطويلة من تاريخ عمان الحديث، يستعرض المؤلف في هذا الفصل الثورة الإباضية الجديدة 1955 ــ 1964 التي قادها الإمام القاضي غالب بن علي الهنائي في ضوء المتغيرات الكبيرة التي طرأت على الساحة الدولية ومبدأ التعاون المشترك بين الدولتين الكبيرتين بريطانيا والولايات المتحدة لتأمين مصالحهما واكتشاف النفط في المنطقة.

ويقول المؤلف إن الإمامة بمفهومها السياسي الوطني والتقليدي قد زالت مع الإمام الأخير عام 1965، ويرى أن إمامة القاضي غالب بن علي الهنائي لم تكن إمامة

تقليدية وروحية حقيقية، ويعتبر أن إمامة محمد عبداللّه الخليلي (1919 ـ 1953) كانت الإمامة الأخيرة في البلاد.

وهكذا نرى أن الإمامة كمؤسسة وكنظام سياسي قد انتهت، ولم تعد مؤسساتها التقليدية تجعل منها البديل التاريخي السابق، ولم يعد دورها السياسي يلبي مقتضيات المجتمع العماني المعاصر، رغم أن التجربة الإباضية تبقى ميراثاً وتراثاً وطنياً كبيراً لعمان.

ويشير المؤلف في خاتمة الكتاب إلى أن المنطق التاريخي والخصوصية الثقافية والواقع الاجتماعي ـ السياسي للعمانيين يردنا إلى الاقتناع بأن نظام الديمقراطية الغربي لا يمثل نموذجاً مثالياً قابلاً للتطبيق، أو حتى مرغوباً فيه حيثما كان، لا سيما أن المجتمع العماني كان قد بلور وصاغ نموذجاً ديمقراطياً خاصاً به، آخذاً في الاعتبار المحيط الثقافي والديني.

ويؤكد المؤلف أن مبدأي الشورى والبيعة، مضافاً إليهما قيم المساواة الاجتماعية والمساواة أمام القانون يمثلان ركائز الديمقراطية الإسلامية في عمان.

ومن خلال قراءتنا لهذه الدراسة، بإمكاننا أن نورد

بعض الملاحظات. فرغم حساسية الموضوع الذي ينبري له الباحث، في ضوء تعامله مع الأحداث التاريخية المعاصرة لعُمان بتفاصيلها الشائكة والمعقدة وعلاقتها بالمذهب الإباضي، فإننا نجد أن المؤلف قد وُفّق بدرجة كبيرة في معالجته للوقائع التاريخية، وجاء طرحه وتحليله بروح متسامحة ونفس علمي وموضوعي بعيداً عن الغلوّ أو الانحياز إلى مذهب معين أو فئة معينة، وهذا ما يميز بحق البحث الأكاديمي.

وقد أثبت الكاتب إمكانيته في رصد الأحداث والوقائع في تاريخ المنطقة المعاصر بنظرة ثاقبة، مما يتيح لنا الفرصة لدراستها واستقرائها واستشراف العبر والحكم والمواعظ للاستفادة منها وتوظيفها في مستقبل التعامل السياسي في المنطقة.

كما كشفت الدراسة ومن خلال الوثائق الأجنبية التي يُوردها الباحث، ألاعيب السياسة البريطانية والقوى الاستعمارية في المنطقة التي حاولت وبشكل دائم، إضعاف دولة عمان وتحطيم قوتها البحرية والوقوف ضد أي قوة عربية تظهر في المنطقة التي كانت تُسمّى بساحل عمان وإضعافها، لأن «بريطانيا لا ترغب في جزيرة عربية

موحدة، بل في جزيرة عربية ضعيفة، مفككة، مجزأة إلى إمارات صغيرة تحت السيادة البريطانية، والأهم، إمارات لا سبيل إلى توحدها يوماً ضد السيطرة البريطانية» كما ورد في إحدى الوثائق البريطانية.

وقد لاحظنا من خلال هذه الدراسة تلاعب بريطانيا والقوى الاستعمارية في تفسير نصوص الاتفاقيات والمعاهدات التي كبلت عمان في تاريخه الحديث.

ولا يسعنا إلا أن نقول إن هذه الدراسة جريئة بحق وتستحق كل ثناء وتقدير.

قراءة في نظام الإمامة الإباضية

ف. قماحي(*)

في كتابه: «عمان، ديمقراطية إسلامية ألفية»، الصادر أخيراً باللغة الفرنسية، عن الدار الباريسية «ميزون ناف إي لاروز»، المتخصصة في الدراسات الشرقية، يسعى الباحث الإماراتي حسين غباش إلى وضع علامات لقراءة جديدة لنظام الإمامة الإباضية، التي كانت بمثابة بوصلة، اهتدت بها الهوية العمانية في غمار تاريخها عبر اثني عشر قرناً، من إمامة الجلندة بن مسعود (750م)، بعد الثورة على الدولة الأموية، إلى نهاية نظام الإمامة بعد فشل ثورة 1955 ـ 1964 ضد البريطانيين.

والكتاب يحتوي عنواناً فرعياً: نظام الإمامة: التاريخ السياسي الحديث (1500 ـ 1970)، وهو في قسمين

_____

(*)   كاتب من المغرب.

67

وعشرة فصول. خصص القسم الأول لدراسة العقيدة الإباضية في أصولها الفكرية والسياسية وتشييد مؤسسة الإمامة، ودراسة تحديات الحقبة البرتغالية (1500 ـ 1650)، ثم الأنموذج الإباضي للدولة الإسلامية الحديثة ممثلاً في الإمامة اليعربية (1624 ـ 1741)، وبروز نظام السلطنة البوسعيدية.

بينما تناول الفصل الخامس بالدرس إشكاليات التاريخ المشترك بين عمان و «ساحل عمان» (1750 ـ 1850).

أما القسم الثاني، فتدور مباحثه حول التحدي الاستعماري البريطاني ومختلف ردود الإمامة منذ تفكيك السلطنة العمانية الأفريقية: ثورة الإمام عزان بن قيس (1869 ـ 1871)، وعُمان بين التبعية والاستقلال وثورة الإمام سالم بن راشد الخَروصي (1913 ـ 1919). ثم مسألة تقسيم عمان بين سلطنة مسقط وإمامة عمان. وخصص الفصل الأخير لثورة 1955 ـ 1964 وسقوط الإمامة نهائياً وما أعقب ذلك من صراع سياسي ودبلوماسي في المحافل الدولية حول عمان وإعادة توحيدها، وشرعية كل من الإمامة والسلطنة سواء في إطار

الجامعة العربية أم في لجنة الأمم المتحدة الخاصة بعمان.
والجانب التوثيقي من الكتاب جاء معتمداً على المصادر الإباضية الأصلية: تاريخية ودستورية. كما ذُيِّل الكتاب إضافة إلى المراجع العربية والانجليزية والفرنسية بجرد شامل مرقم بجميع المستندات والاتفاقيات والوثائق والتقارير الدبلوماسية المتعلقة بعمان، الموجود في قسم المحفوظات في وزارة الخارجية البريطانية، والخارجية الفرنسية، من بينها ما ينشر فحواه للمرة الأولى.

لقد استند المؤلف في منهجه الإجرائي إلى تقاطع مناهج متعددة من الفلسفة السياسية، وعلم الاجتماع السياسي، والتاريخ، والعلاقات الدولية، مع مناقشات دقيقة وعميقة في ضوء القانون الدولي، للوقوف على مدى السلامة القانونية لبعض المعاهدات، برفع الالتباس، وبكشف مكامن التعتيم المتعمد، من جانب الاستعمار البريطاني في معاهدات: 1798 و1861 و1891، وبخاصة في معاهدة (السيب 1920) الشهيرة التي أثارت الكثير من الجدل، وارتهنت مصير عمان ووحدتها أكثر من نصف قرن.

وتعميماً للفائدة، آثرنا بدل كتابة عرض عابر ـ لا يفي الكتاب حقه ـ إعداد تلخيص موسع لأهم مضامين الكتاب وأطروحاته، في محاولة لمقاربة تاريخ هذا الجزء من العالم العربي.

أوضع المؤلف في مقدمة تمهيدية، بصورة وافية، المرتكزات النظرية، والأطروحات التي وجهت بحثه. وتنطلق فرضية العمل المقترحة لديه، من معاينة تاريخية: إن مؤسسة الإمامة في عُمان، سواء أكانت تحققاً فعلياً، أم تطلعاً ميثولوجياً للهوية العمانية ـ في فترات غيابها السياسي ظلت دوماً العامل الثابت، بين العديد من المتغيرات التاريخية والاجتماعية والسياسية.

وهذا يفضي إلى أن أية قراءة للمسار التاريخي العماني تبقى رهينة باستقراء الجذور والأصول الإباضية، وفحص طبيعة المرتكزات السياسية لنظام الإمامة، ومؤسساتها الدستورية الفريدة، واستمراريتها، إذ كانت هذه الاستمرارية في صلب المصير التاريخي لعمان، كنمط حياتي وسياسي، ينخرط في بنية مؤسساتية، تحددت خطوطها العريضة بين القرنين التاسع والحادي عشر الميلاديين، ولم تقع فجأة إلا بوفاة الإمام محمد بن

عبدالله الخليلي سنة 1954. فأثناء هذه الحقبة الطويلة لم تتوقف الاجتهادات في الفقه الدستوري الإباضي للتوفيق بين مؤسسة الإمامة والظرفية التاريخية. فحتى نهاية القرن التاسع عشر استمر تطعيم النظرية الدستورية العامة للإمامة بمناقشات مثرية، كالتي دارت حول السلطات الدستورية المحدودة المخولة للإمام عزان بن قيس (1868 ـ 1871) لكونه إماماً «ضعيفاً» أي إماماً غير «عالم»، فصلاحياته تنحصر في تدبير شؤون الدولة من دون المساس بالمجال الشرعي. أو تلك التي تتعلق بتقنين وتحديد دور صالح بن علي الحارثي (1834 ـ 1896) باعتباره إماماً «محتسباً» وهي الصفة التي تطلق على العالم بالمفهوم الديني، الذي تتوافر فيه خصال النزاهة والعدل، وبأهليته شرط الحظوة بثقة شعبية ـ لقيادة وإرشاد الأمة، إلى حين توافر إمكانية انتخاب إمام حقيقي، بمراعاة جميع الأصول والقواعد الدستورية.

هذه الاستمرارية لنظام الإمامة ومؤسساتها تتجلى أيضاً في استمرار التعامل بقوانين وأحكام التدبير الاجتماعي سواء تعلق الأمر بتنظيم الفلج أم النظام العقاري، وتنظيم العمل والعقود، والقواعد التجارية، التي سنت في أغلبها

في أثناء الإمامات الأولى، ودونت في كتاب «المصنف».

وفي كتاب «بيان الشرع» (القرنان الخامس والسادس الهجريان).

ظلت هذه الأحكام سارية المفعول في الأعراف والتقاليد المتداولة في عُمان، وسايرها الإنتاج التنظيري في الفقه الإباضي حتى القرن العشرين، بدرس القضايا نفسها باجتهادات عيسى الحارثي في كتابه «خلاصات الوسائل في ترتيب المسائل»، وكتاب الإمام الخليلي «الفتح الجليل من أجوبة الإمام أبي الخليل».

ففي ضوء هذه الاستمرارية السياسية والفكرية توخت أطروحات الكتاب، من خلال تفكيك مراحل تاريخ عمان، وتحليل تطوراته، ضمن معطيات جيوسياسية معينة، الإحاطة بأمرين أساسيين، أولهما: أن نظام الإمامة كنتاج تاريخي وعقائدي للحركة الإباضية، تكامل بناؤه خلال سنوات الاضطهاد السياسي والديني، الأموي والعباسي، بالتمسك بالمبادىء المؤسسة للخلافة الراشدة الأولى، في عهد أبي بكر وعمر، باعتماد مبادىء الشورى والإجماع والتعاقد وإخضاع اختيار وانتخاب الإمام، وتنظيم البيعة

لشروط دستورية دقيقة وصارمة، وباستلهام مبادىء العدل
والمساواة، ما جعل من مؤسسة الإمامة العمانية على رغم
الانقطاعات التاريخية، تجربة استثنائية في الخريطة العربية
الإسلامية، والمؤلف إذ يسجل انعدام وإلغاء الضمانات
الدستورية الإسلامية في ممارسة الإدارة السياسية للدولة،
منذ بداية العهد الأموي، يقوم بوضع أركيولوجيا بنية
الإمامة العمانية، كنسق سياسي ديني، تمتلك قيماً وشحنة
ديمقراطية، إذا قيمت موضوعياً ضمن محدداتها التاريخية
والسياسية والدينية .

والمؤلف لا يتقاعس عن مواجهة الإشكالية الفكرية
عند طرح مسألة الديمقراطية ومرجعياتها، وهو يسلم بأن
الديمقراطية بمفهومها الغربي هي من مكتسبات الدولة
الحديثة لما بعد الثورة الفرنسية، ويرى أن «الديمقراطية
الإسلامية العمانية» التي بحكم مشاربها الإسلامية لم تعرف
الجدل الملائكي، الذي عرفته أوروبا، سعت هي
الأخرى، بمسالك مغايرة، إلى تحقيق إقرار العدل
والمساواة، ووضع تقاليد عمانية لديمقراطية روحية، تلزم
الإنسان في شموليته، ضمن إطار من الخصوصية الثقافية
والاجتماعية والدينية .

وفي هذا السياق، تعرض الباحث لمناقشة عناصر مفاهيم الديمقراطية عند جان جاك روسو وتوكفيل ومونتسكيو مع مقارنتها بمقاربة إسلامية من فكر محمد إقبال، ومحمد عبده، وبخاصة رشيد رضا، في كتابه الإمامة العظمى، ليخلص إلى طرح إمكانية تحقيق نظام ديمقراطي خارج الأنموذج الغربي البحت.

أما الأمر الثاني الذي توخّت أطروحات الكتاب إبرازه، وتعميق البحث فيه، فهو أن الإمامة العمانية كانت أساس تشكل أول الكيانات الإسلامية ذات الطابع الوطني على الخريطة العربية، بانفلاتها من الهيمنة الأموية والعباسية، محتفظة باستقلالية وبقدرة على البقاء، بما اكتسبته، زمن الصعاب، من صلابة التنظيم، والاعتدال ومرونة التعامل مع الأحداث، وبتكييف طبيعة مؤسسة الإمامة ووظائفها وفقاً للمعطيات السياسية والدينية: إمامة الكتمان، وإمامة الدفاع، وإمامة الشراء أو التضحية. والمؤلف يقوم في ضوء هذا بوضع جينيالوجيا الشخصية العمانية، مبرزاً دور الإمامة في تحقيق رهان الهوية العمانية، وبقائها حية حتى في أحلك المراحل التاريخية:

فترات التطاحن القبلي داخلياً، وأثناء التكالب الاستعماري والأمبريالي، للسيطرة على خطوط الملاحة التجارية في المحيط الهندي، وعلى منابع ثروات البترول لاحقاً.

لكن هذا المسار في استمرارية مؤسسة الإمامة، ورهاناتها، لم يكن من دون عثرات قاتلة: كسقوط الإمامة الأولى (750 م) وخطيئة أصلية، بخلع الإمام السادس الصلت بن مالك الخروجي (886م)، وما أعقبها من حرب أهلية قبلية منهكة، وانحرافات عن المبادىء الإباضية بالطعن في انتخاب الإمام بلعرب بن سلطان (1711م)، والانزلاق من نظام الإمامة إلى نظام السلطنة في عهد الدولة البوسعيدية.

في القدر الجغرافي العماني

يرى المؤلف أن مجمل هذه العثرات والأخطاء، لم تنتج من طبيعة البنية الداخلية لمؤسسة الإمامة، بقدر ما كانت وليدة التصادم الجذري والمستمر بين ثلاثة معطيات أساسية في الحالة العمانية: المقتضيات الجيوسياسية والتركيبة القبلية المعقدة، والمعطى الديني.

فيقيناً أن الثنائية المنقوشة في القدر الجغرافي لعمان،
قد حددت بأبعاد عميقة بنية الشخصية الدينية والسياسية
العمانية، في تشكلها عبر مسار تاريخي طويل ومتميز، هذه
الثنائية، تتمثل في خصوصيات جغرافية متباينة، وذات
ميولات مغايرة: السواحل والنواة الجبلية في الداخل..
ميولات نحو الملاحة التجارية والانفتاح على الخارج في
السواحل، والانطواء على الذات في اقتصاد مغلق في
العمق الجغرافي للجبل الأخضر.

فالسواحل بموانئها التجارية كانت منذ العصور القديمة
بحكم موقعها الاستراتيجي نقاط وصل بين الحضارة
البابلية والهند وأفريقيا، وامتداداتها الجغرافية على ثلاث
واجهات طولها 1700 كلم، من حدود رأس الخيمة قرب
رأس مسندم على الخليج العربي، ومن خليج عُمان عبر
مضيق هرمز وبحر العرب إلى حدود اليمن، كانت مسرح
صراع مع القوى الخارجية: الوجود الفارسي الذي لم تتم
تصفيته إلا بعد الفتح الإسلامي، والعباسيون، والقرامطة،
والبويهيون والسلاجقة وأمراء هرمز والبرتغاليون
والهولنديون والبريطانيون.

76

وكان هذا التصادم مع المصالح الأجنبية يفرض الاحتكام والتأثير والتأثر، وفي كثير من الحالات التنازلات واسترضاء القوى الخارجية، عندما يختل ميزان القوى وتضعف الدولة والإمامة. في حين تبقى المناطق الداخلية متماسكة بمنأى عن التأثيرات الخارجية في الشمال، أو التمزقات الإقليمية في الشرق، محتفظة بهوية سياسية ودينية مشكلة بذلك المعقل الروحي للإمامة والهوية العمانية، ومنطلق اليقظة والوحدة عندما يبلغ التطاحن القبلي أقصى مداه، ويتصاعد خطر الهيمنة الأجنبية.

فبإلقاء نظرة على الوضع الداخلي لعمان بين القرنين التاسع والسابع عشر نجد أن موانىء الباطنة تكاد تكون ثغوراً مستقلة، تحت تأثير السيطرة الأجنبية، بينما في الجنوب الشرقي في منطقة الشرقية فإن المنافذ البحرية متجهة نحو المحيط الهندي، وميناء قلهات، وسور لهما علاقات تجارية مع جزر سواحل الشرق الأفريقي. بينما في الجوف، وهي منطقة منعزلة حول الكتلة الجبلية للحجر الغربي، فتقبع الإمامة في قلاعها بانكماش على الذات، وفي سرِّية تتماشى مع مبادىء الإباضية بضرورة الكتمان،

تحيناً لظروف مواتية للظهور فينبض حينذاك قلب دولة
الإمامة، ويترسخ في الداخل مركز لشبكة من التحالفات
القبلية حول محوري الهناوية والغافرية، ثم يمتد نفوذها
بعد إخضاع السواحل إلى ما وراء البحر: الهند، وساحل
مكران، وزنجبار.

دورة الإمامة المتجددة

فالإمامة إضافة إلى وظيفتها في تقمص الهوية، كانت
تحافظ على التوازن داخل النسق السياسي الاجتماعي
للبلاد بين البنية الدينية، والبنية القبلية بتراتبيتها وتحالفاتها،
إذ بلغ عدد القبائل العُمانية حسب المصادر التاريخية
حوالى 200 قبيلة رئيسة، وعدداً لا يحصى من القبائل
الثانوية. فتكون الإمامة في ضوء هذه المعطيات وسط
ميكانزم من دورة متجددة عبر التاريخ، فكلما استقر
التكافؤ بين المعطى القبلي والجغرافي والديني تعززت دولة
الإمامة ومركزيتها وإشعاعها، ولكن بمجرد أن تتحول
الإمامة إلى سلطة أسرية قبلية، يختلّ ميزان التحالفات
وتتصاعد العصبية القبلية، وتطغى المصالح المحلية

والجهوية، فتنجم عن ذلك حرب أهلية تؤدي إلى تشكل ما يمكن أن يُسمّى بكونفدراليات قبلية، وأمراء على مستوى مناطق مستقلة، وتغيب مؤسسات الدولة فتضعف عمان ويصبح مصيرها مهدداً بتصاعد الأطماع الأجنبية. ومن ثمة ينتعش المثال الديني والبديل الإباضي في «الدفاع ضد الجبابرة» وينتظم مجدداً التوازن بين المعطى الديني والقبلي والجغرافي ضمن دولة مؤسسة الإمامة.

وأفرد المؤلف فصلاً خاصاً بالإمامة ومؤسساتها ومقوماتها الفكرية والعقائدية، مستجلياً ظروفها التاريخية وطبيعتها وتطورها كنسق سياسي وديني كانت له انعكاسات وامتدادات في أرجاء واسعة من العالم الإسلامي. وذلك بتتبع الجذور الأولى للمذهب الإباضي الذي يستند إليه نظام الإمامة، منذ الإخلالات الأولى في نظام الخلافة الإسلامي في أثناء النصف الثاني لحكم عثمان بن عَفّان (23هـ ـ 25هـ)، وترسخ دعائمه ضمن حركة الخوارج التي رفضت بعد معركة صِفّين (38هـ ـ 658م) وضع علي بن أبي طالب إمامته للتحكيم بينه وبين معاوية. فضمن ظروف الفتنة وإثر هزيمة معركة «نهروان» (38هـ ـ

658م) وما تبعها من تنكيل سياسي، انقسمت حركة الخوارج أو ما يسمى «بالمحكّمة» إلى عدة فرق من بينها الأزارقة، والنجدات، وجماعة المسلمين وأهل الدعوة وهم الذين سيعرفون لاحقاً بالإباضة اسم مرجعيتهم الرمزية عبداللَّه بن إباض.

وخلال أكثر من نصف قرن من البناء المذهبي والتنظيمي، استطاعت الحركة الإباضية إرساء قواعد نظرية سياسية للحكم أساسها رفض تعيين الإمام ورفض الوراثة، في مواجهة مع السنَّة التي تساند ضرورة انحدار الخليفة من بيت قريش، وفي مواجهة الشيعة التي ترى في الإمامة مقاماً إلهياً لا يخضع لانتخاب. كما رفضت عنف وتطرف جناح الأزارقة المتشدد في حركة الخوارج وعند التمحيص الدقيق يتضح أن الإباضية لا تتعارض إلا في بعض الجزئيات مع المذهب السني، وهي أكثر من كونها فرقة مذهبية بالمعنى الضيق، مدرسة فكرية اعتمدت خمسة مصادر تشريعية: القرآن، والسنّة، والإجماع، والقياس، والاستدلال، وبهذا تكون أقرب من النهج المعتزلي. وتشكّل هذه العناصر مصدر الإلهام الروحي، وقاعدة

الدستور السياسي، والفلسفة الاجتماعية لنظام الإمامة، العمود الفقري للمذهب الإباضي.

وفي تحليله لبنية الإمامة ومؤسساتها، ركز الباحث على المبادىء التي تمخّضت عنها تجربة مرحلة الكتمان والسرِّية أثناء البناء العقائدي في فترة الاضطهاد الأموي، حيث أنشأت في ظروف سرية مؤسسات فريدة تتمثل في مجلس العلماء، والمجلس العام، ومجلس حملة العلم، التي سنَّت في خطوطها العامة الممارسة الفقهية الدستورية بتبني مبادىء الإجماع والتعاقد، ومبدأ الشورى والبيعة، ومبدأ الاختيار الحرّ للإمام، ومبدأ الدستور، ومبدأ استقلالية العدالة والمساواة أمام القانون، ومبدأ الزكاة، ومبدأ إلغاء الجيش زمن السلم تفادياً لقيام سلطة طاغية.

كما حددت لطبيعة الإمامة أربع حالات أو «مسالك» بحسب الظروف التاريخية والسياسية: فإمامة الكتمان تناسب وضع التراجع السياسي والسريِّة، وتتسم بالحذر واليقظة تجنباً للقمع، في ظروف فشل الثورة الإمامية، كما حدث لثورة أبي بلال مرداس ضد والي البصرة في 61 هجرية، أو عند سقوط الإمامة، كما حدث مرات عديدة في تاريخ عمان.

وفي هذه الحالة التي قد تستمر قرناً من الزمن فلا يوجد إمام ظاهر ولا مؤسسة إمامة. ويقتصر العمل على نشاط العلماء في مهام دينية واجتماعية. ففي أكثر من مرة دخلت الحركة الإباضية في عمان في حالة الكتمان، عند سقوط الإمامة الأولى لجلندة بن مسعود في 135 هجرية وامتدت حقبة الكتمان أكثر من أربعين سنة. وفي فترة حديثة استمر الكتمان بعد إطاحة إمامة عزان بن قيس من 1871م إلى الإعلان عن إمامة الخروصي في 1913.

أما إمامة الشراء أو التضحية بمعنى الشريعة: «شراء الآخرة بالدنيا». ففي هذه الحالة لا يبقى من اختيار إلا تحقيق الإمامة، أو التضحية.

والإباضية لا تأخذ على عاتقها إعلان الحرب على الحكم القائم بمبدأ الشراء، إلا حين يبلغ الاستبداد مدى لا يطاق، وبشرط إجماع واتفاق أربعين عالماً.

وعلى إمام الشراء الدأب لتحقيق الإمامة وبدون تراجع، أو التضحية بنفسه.. وتعتبر هذه الحالة بمثابة الجهاد الديني والسياسي المطلق عند الإباضية، وثالث مسالك الإمامة هي إمامة الظهور والنصر وتتحقق بعد

الكتمان والشراء، وتنكب أثناءها الإمامة في أوضاعها العادية على سنّ القوانين والأحكام العرفية للبلاد، ورابع مسالك الإمامة، هي حالة «الدفاع»، التي تنجم عن وضع تكون فيه الإمامة الإباضية في الحكم، ولكنها مهددة بأخطار خارجية.

وهذا التدرج في طبيعة الإمامة وتقنين وظيفتها التاريخية يتوخى مؤسساتياً الحرص على استمرارية الإمامة في جميع الظروف، وأن لا تبقى «الأمة» بدون مرجعية روحية، ويحدد في الوقت نفسه طبيعة سلطة ومسؤوليات الإمام بحسب درجة الاستقلالية السياسية للإمامة.

ولذلك ينبغي وضع قراءة تطور العقيدة الإباضية ضمن منظورها التاريخي النسبي إذ نرصد أن إمامة الشراء رغم أهميتها في الفقه الإباضي، لم تمارس فعلياً، لما تكتسيه من خطوة سياسية، إلا نادراً وفي أثناء الإمامات الأولى... بينما ظلت إمامة الدفاع هي الحالة العادية السائدة للإمامة في التاريخ العماني.

وفي السياق نفسه، يسهب الباحث في تحديد منصب الإمام: وأضاف الأئمة حسب مؤهلاتهم الفقهية أو

العسكرية وشروط اختيارهم أو خلعهم من جانب مجلس
العلماء، أو أهل الحل والعقد، بعيداً عن الضغوط
القبلية. وكيفية تقديم الإمام المرشح «لأهل البلاد» في
مراسيم للبيعة في شروط وبروتوكول صارم، بحضور رجال
العلم ورؤساء القبائل، يقرأ خلالها نص البيعة الذي يصبح
بمثابة تعاقد مكتوب، يربط بين الأمة والإمام في انتخاب
استفتائي، يلزم الجميع، وتصبح بعده طاعة الإمام مطلقة،
ما دام متشبثاً بنص البيعة، وبالنزاهة والعدل، في ممارسة
الحكم .

وهذه الطاعة والتعاقد يعفيان الإمام، بل يفرضان عليه
التخلي عن أية مؤسسة عسكرية، أو جيش نظامي في
أحوال السلم وفي هذا عناصر قوة وضعف لمؤسسة
الإمامة. فإذا كان ذلك يقطع الطريق أمام الإغراءات
الاستبدادية، فإنه يجعل الإمامة هشة وتحت رحمة قوة
التحالفات القبلية وتغيراتها، وتهديدات القوى الخارجية.

وعن المؤسسات المنبثقة عن الإمامة، يعطي المؤلف
أهمية مركزية لمجلس العلماء الإباضي الذي يمثل السلطة
التشريعية والمرجعية الشرعية والعقائدية والسياسية، ويسهر

84

على تدبير شؤون الإمامة ومراقبة تطبيق مبدأ الشورى، ويضمّ هذا المجلس أهل الحل والعقد من علماء وقضاة ومؤرخين وأساتذة وشعراء.

وفي ممارسته لسلطاته، يعتمد الإمام على مجلس مصغر من خمسة عشر عضواً هو مجلس الشورى وهو الهيئة العليا التنفيذية، والإمام لا يتصرف دون أخذ رأيه وبالإجماع.. كما يعتمد على نظام ولاة المناطق الذين يخضع تعيينهم لموافقة أهل الأقاليم في مراسيم تشبه البيعة وعلى مجالس إقليمية استشارية مشكلة من العلماء ورؤساء القبائل.

أما النظام القضائي فمهامه واضحة بإقرار العدالة بين الأفراد، باستقلالية تامة عن الإمام، الذي يبقى الحكم في فصل النزاعات بين المجموعات والقبائل.

وعند بحثه لتعامل مؤسسة الإمامة مع المحيط الخارجي، رصد المؤلف عبر المراحل التاريخية الخطوط العريضة لسياسة خارجية مبنية على التقاليد الإباضية في الاعتدال وعدم الاعتداء. وقد اتخذت هذه العلاقات بعداً سياسياً وتجارياً مع بلدان الخليج من جهة، والهند من

جهة أخرى، وبعداً دينياً وعقائدياً مع شرق أفريقيا ومع بلدان شمال أفريقيا، وخاصة الجزائر حيث ثمة مجموعات إباضية واسعة منذ بداية الحركة.

وخلال الفترة الحديثة اتسمت بالصراع بحكم العوامل الاستراتيجية الجديدة مع قوى الهيمنة الغربية وعلى مدى ثلاثة قرون، إضافة إلى النزاع ذي الطابع السياسي مع الفرس، وعلاقات متأزمة نشأت على أرضية خلاف مذهبي وسياسي مع الجيران الوهّابيين.

امتدادات الحركة الإباضية

إذا كانت الحركة الإباضية قد ارتبطت تاريخياً منذ القرن الهجري الأول (السابع الميلادي) بعمان التي أصبحت موطنها الروحي بعد هجرتها من البصرة والتنكيل بها على يد الأمويين، فإن امتداداتها شملت أرجاء واسعة من العالم الإسلامي: بدءاً من الكوفة والبصرة والموصل بالعراق، وبمكة والمدينة بالحجاز، واليمامة بوسط شبه الجزيرة العربية، حتى القرن السادس الهجري، وفي حضرموت واليمن حتى القرن الخامس الهجري، وفي

شرق أفريقيا بزامبيا والشاطىء السواحلي إلى الآن. كما كانت هناك جيوب في خراسان بفارس، وبالهند والصين، بوجود التجار والعلماء العمانيين.

وقد كانت مصر أيضاً أحد مراكز الإشعاع الكبرى للفقه الإباضي. كما كان للإباضة وجود في وسط وغرب السودان، بيد أن التمركز الأساسي كان في شمال أفريقيا، منذ النصف الأول من القرن الثاني الهجري، حيث عرفت الإباضية والصفرية ذيوعاً واسعاً في أوساط الأهالي من البربر بزعامة الإمامين، أبي الخطاب وأبي حاتم، من طرابلس حتى توارغة (بخة) زناتة، وجبل نفوسة بليبيا الغربية، ثم برقة وكل الشرق الجزائري.

وكانت هذه الحركة الإباضية على وشك أن تنزع شمال أفريقيا من قبضة الخلافة العباسية. وقد بلغت ذروتها بتأسيس الدولة الرستمية (إمامة وراثية) بتيارات في الهضاب العليا الجزائرية، التي كانت تطوق دولة الأغالبة بحزام يمتد من تلمسان وقابس إلى طرابلس، ولم يتم القضاء عليها إلا في بداية القرن العاشر الميلادي في حملة شيعية فاطمية، بتدمير تارت.

ويجدر أن نذكر في هذا السياق أن الأئمة الإباضة في عمان أثناء المرحلة المتردية لإمامتهم، كانوا يعتبرون أنفسهم مجرد «ولاة» أو «متقدمين» باعتبار أن إمامة الأمة هي إمامة واحدة، وترجع للإمامة الأقوى حينذاك وهي الرستمية في شمال أفريقيا.

وبعد إطاحة الدولة الرستمية، لم تبق إلا إمامة صغيرة شبه مستقلة عن الفاطميين، أسسها أبو يحيى زكريا الإرجائي ـ الإمام المدافع في المصادر الإباضية ـ في جبل نفوسة بليبيا، وظلت قائمة حتى القرن الرابع عشر الميلادي.

أما باقي إباضة شمال أفريقيا فنزحوا نحو الصحراء في الواحات الجزائرية ببلاد المزاب، وفي جبل نفوسة بليبيا، وفي جربة بتونس.

الخطيئة الأصلية: خلع الإمام الصلت

على ضوء هذه الخلفية التاريخية، ندرك الخصوصية والأهمية التي اكتسبتها مؤسسة الإمامة في عُمان، باستمرارها في هذا البلد فقط أكثر من ألفية رغم الانقطاعات المتتالية.

فقد بدأت هذه التجربة التاريخية الاستثنائية في عُمان، أثناء الحكم الأموي في ظروف تمردات الشيعة والأزارقة في العراق، في عهد عبد الملك بن مروان، بقيادة شخصيات إباضية كالشيخ أبي بلاد مرداس التميمي كمؤسس للحركة الإباضية بعد نجاته من معركة نهروان. ثم أبي الشعثاء جابر بن زيد الأزدي العماني الذي ساهم في إثراء الاجتهاد الإسلامي ووضع أسس المدرسة الفقهية الإباضية.

ويعد الأب الروحي للإباضية وإمامها الأول. ثم عبيدة مسلم بن أبي كريمة الذي تتمثل مساهمته في تنظيم المجالس، وتأطير «حملة العلم» لنشر الدعوة في البلاد العربية والإسلامية. ثم عبداللّه بن إباض وهو رابع شخصية متميزة والذي أعطى اسمه للإباضة.

أما الشخصية الخامسة فهي الربيع بن حبيب الأزدي العماني وهي المرجعية العقائدية للحركة.

وتظهر جلية مساهمة العناصر العمانية وخاصة منها ذات الانتماء القبلي الأزدي اليمني، في نشأة الحركة الإباضية، وربما يكمن في هذا أحد أسباب تبنيها

وتجذرها في الأوساط الأزدية لاحقاً، خصوصاً بعد فشل الحجّاج بن يوسف والي عبدالملك بن مروان في إخماد ثورة أبناء عباد بن جلندة في عمان، وقيامه إثر ذلك بحملة انتقامية ضد الأزد في العراق، ونزوح أبي شعثاء جابر بن زيد الأزدي وبعض أتباعه إلى عمان، حيث لقوا تأييداً من الأزد وعائلة المُهَلّب، مما ساعد في تدعيم العقيدة الإباضية.

ويشدد المؤلف في هذا السياق على الصعوبات الجمة، والولادة العسيرة لمؤسسة الإمامة: فانتفاضة سنة 128هـ. 747م في جنوب شبه الجزيرة العربية، من حضرموت وصنعاء حتى مكة والمدينة، لم تدم إلا سنتين. والثورة التي تلتها بعمان سنة 132هـ ـ 750م، وتوجت بتأسيس الإمامة الأولى للجلندة بن مسعود، والتي امتد نفوذها من عمان إلى حضرموت، لم تدم هي الأخرى إلا فترة قصيرة، إذ سرعان ما هبت عليها جيوش العباسيين سنة 134هـ ـ 752م باحتلال دام أكثر من أربعين عاماً، يعد من أحلك مراحل تاريخ عمان القديم، مما أخطر معه العديد من العمانيين وخاصة العلماء الإباضة

إلى الهجرة جنوباً نحو شرق أفريقيا، حيث أسسوا إمارات إسلامية ظلت مزدهرة حتى وصول البرتغال إلى المحيط الهندي في بداية القرن السادس عشر ميلادي.

وحسب المؤرخ البريطاني كيللي، فإن الصراع الطويل مع الخلفاء العباسيين، الذي استمر أيضاً في القرن التاسع حتى العاشر الميلادي، أضفى على الإمامة طابعاً ذا بعد سياسي أكثر منه دينياً، وأثناءه ترسخت في الضمير العماني ارتباط الإباضية بالتشبث بالاستقلال.

على أي حال، فإن سقوط الإمامة الأولى لم ينل من عزيمة الحركة الإباضية، التي استطاعت بجهود حملة العلم بقيادة موسى بن أبي جابر الأزكاني استعادة نشاطها مجدداً متخذة من مدينة نزوى مركزاً لها، حيث تم تنصيب محمد بن عفان من قبيلة، الأزد إماماً لعمان في مجلس عقد سنة 177هـ. 793م. وطوال قرن من الازدهار والاستقرار السياسي، تمكن الأئمة الستة المتعاقبون في هذه الفترة من التمسك بالمكسب الأولي في وحدة عمان، بتعزيز وتطوير القوى البحرية، ووضع نظام موحد للإمامة من البحرين إلى اليمن. وذلك إلى أن حدث المنعطف الحاسم في

تاريخ الإمامة، والتصدع في المجتمع العماني إثر خلع الإمام السادس الصلت بن مالك (237 ـ 273هـ/ 851 ـ 886م) بذريعة الخوف، وفرض الجناح المنشق بزعامة موسى بن موسى إماماً جديداً في شخص راشد بن ناظر واستنجاده بحملة عباسية دموية جديدة.

وقد أعقبت ذلك حرب أهلية طويلة ومنهكة أضعفت مناعة البلاد، وأنهت قيادة أئمة الأزد للدولة الإسلامية الإباضية، بعد معركة الروضة قرب تنوف، ومعركة العق بالقرب من صحار في 279هـ/ 892م.

وقد انشق العلماء الإباضة إزاء هذا الخلع التاريخي في مدرستين فكريتين، استمر النقاش الدستوري بينهما حول الشرعية وشروطها فترة طويلة، وهما مدرسة الرستاق المتمسكة براديكالية متطرفة معتبرة أتباع موسى بن موسى مارقين مغتصبين، بينما اتخذت مدرسة نزوى موقف الاعتدال والمناداة بتجاوز عثرات الماضي وإعادة بناء مؤسسة الإمامة الموحدة.

وقد عكست الكتب الفقهية الإباضية المؤلفة في القرون الثلاثة الهجرية (الثالث والرابع والخامس)، عمق هذا

الخلاف الدستوري وتواتره مثل كتاب أبي سعيد الكدمي «الاستقامة»، وكتاب «الاهداء» لأبي بكر الكندي النزوي، وكتاب «السير والجوابات».

ومع ذلك ظلت ممارسة انتخاب الأئمة مستمرة، ولو بصورة رمزية، ومنحصرة في المناطق التقليدية للإمامة فقط.

وهكذا دخلت عمان العصر الوسيط بعد هذه الحرب الأهلية ممزقة سياسياً وجغرافياً، وبقيت النزاعات الداخلية بدون حسم. فمن جهة إمامة قابعة في المناطق الداخلية، ومن جهة أخرى أسرة النبهانيين المغتصبة لحكم الأئمة تستولي على المناطق الساحلية فارضة سيطرتها منذ سنة 1154م ولخمسة قرون رغم العديد من الانتفاضات الإمامية.

وفي كتب التاريخ العماني مثل كتاب السالمي «تحفة الأعيان بسيرة أهل عمان» تفاصيل هذه الحقبة القاتمة، بما فيها من تنكيل بأنصار الإمامة، وقضاء على الأنشطة الدينية والتربوية وإحراق الكتب، وإلغاء الأحكام العرفية الإباضية، ومصادرة الأملاك.

93

ولا شـك أن أوضـاعـاً إلى هـذا الـحـد مـن الـتـمـزق
والتطاحن كانت تنذر بأوخم العواقب، في أفق التحديات
التاريخية التي كانت تنتظر عمان بظهور البرتغاليين في
المحيط الهندي. فكيف كانت المعطيات عشية عبور
فاسكو دي غاما قبالة السواحل العمانية، سنة 1498
باتجاه كالكوتا وجاوا؟

إمامة في عمان الداخل، وآخر ملوك النبهانيين حول
عاصمتهم بمنطقة بهلا. أما السواحل فهي تحت سيطرة
ملك هرمز، مع ممثلين له، أحدهما في المدينة الساحلية
قلهات والآخر في مسقط.

النهضة الإباضية الحديثة

في فصل خاص كرسه المؤلف لهذه المرحلة استعرض
بتحليل عميق المعطيات الاقتصادية والاجتماعية والدينية،
وكذا التمزقات الداخلية، والنزعات العائلية للبوسعيديين
في عهد الثويني بن سعيد (1856 _ 1866)، التي نجمت
عن فصل زنجبار عن الدولة العمانية وشكلت في عهد
خلفه سالم بن ثويني (1866 _ 1868) الخلفية السياسية

والعقائدية لرد الإمامة الإباضية على التحدي الاستعماري
البريطاني .

ففي عهد سالم ثويني ـ الذي وصل إلى الحكم بعد
اغتيال والده، تجمعت الشروط المواتية لانطلاق النهضة
الإباضية الحديثة بقيادة مجموعة من العلماء والشخصيات
الإباضية من بينها محمد بن سليم الغربي، وصالح بن علي
الحارثي، وسعيد بن خلفان الخليلي ـ منظِّر الثورة
ومرجعيتها الشرعية ـ ثم عزان بن قيس والي مدينة
الرستاق المنتمي إلى الفرع الثاني لعائلة البوسعيديين،
والذي سيبايع استثناء وعلى غير عادة الإباضة إماماً لعمان
في مسقط بعد الانتصار، وانهيار سلطنة سالم ثويني،
وليس قبل الشروع في الثورة وقد عملت ثورة عزان بن
قيس (1869 ـ 1871) في إطار إحياء شرعية المؤسسات
الإباضية بتكوين حكومة مركزية بمسقط حققت منذ سنتها
الأولى نقاط البرنامج الوطني بتوحيد عمان، والقضاء على
الاستقلالية القبلية .

أما المطالب الوطنية الأخرى بإلغاء المعاهدات
البريطانية المفروضة على عُمان في عهد السلطنة، واستعادة

زنجبار، والجوادر، وبندر عباس التي كانت تحت النفوذ العماني فلقيت معارضة بريطانية فورية، برفض مقترحات وفد الإمامة إلى الهند بوضع أسس جديدة لعلاقات بريطانية عمانية متكافئة.

في معرض تحليله لأسباب إحباط الثورة الثانية في تاريخ عمان الحديث بعد سنتين فقط من اندلاعها، يرجع المؤلف سقوط الإمامة إلى إصرار البريطانيين على رفض الاعتراف بها وفرضهم حصاراً اقتصادياً خانقاً على عمان بإغلاق جميع الموانىء الهندية والإفريقية أمام التجارة العمانية، إضافة إلى مناورات البريطانيين بتحريك تركي بن سعيد: أحد المطالبين بخلافة أخيه ثويني، الذي تجمع حوله كل الفرقاء المناهضين للإمامة، انتقاماً من الإمام.. زيادة على ذلك المساعدة المالية والسياسية لزنجبار، وفي الأخير الدعم البريطاني الحاسم. وحيال هذه الظروف القاسية، انتكست الوثبة الإباضية بسقوط الإمامة، واغتيال الإمام عزان في ظروف غامضة بقلعة المراني سنة 1871.

وأعادت بريطانيا نظام السلطنة في شخص تركي بن سعيد الذي افتتح عهده بمرحلة جديدة لحرب أهلية طويلة

وتقهقر اقتصادي لـم يستطع مواجهتها باعتبار الضغوط
السياسية والمالية التي فرضتها عليه بريطانيا... وأيضاً
على خلفه السلطان فيصل بن تركي (1888 ـ 1913) فقد
بلغ تفكك الدولة العمانية درجة أوشكت معها بريطانيا على
إعلان حمايتها الرسمية لمدينتي مسقط ومطرح... في
الوقت الذي اندلعت فيه ثورة القبائل الهناوية ذات الميول
الإمامية سنة 1895.. والتي شكلت أكبر تحد لنظام
السلطنة، غير أن الحركة الإباضية، بعد مقتل قائديها
التاريخيين الإمام عزان بن قيس، والعالم سعيد بن خلفان
الخليلي، لم تكن في هذا الظرف قادرة على توجيه وتبني
هذه «الحركة الاجتماعية» الهناوية.

وجرت مجمل هذه الأحداث ضمن سياق سياسي جد
خطير بالنسبة إلى عمان، فبريطانيا أعلنت سنة 1890
حمايتها لزنجبار التي أصبحت مستعمرة رسمية بريطانية،
منفصلة نهائياً عن عمان.

وفي الوقت ذاته عملت بريطانيا على اتخاذ إجراءات
لمنع تسرب التأثير الأجنبي غير البريطاني في المنطقة لقطع
الطريق خاصة على إقامة علاقة عمانية فرنسية بديلة، وفي

هذا الإطار فرضت بريطانيا على السلطان فيصل التوقيع سنة 1891، على الاتفاقية السيئة السمعة والمعروفة «بالتعهد المتعلق بالتنازلات الترابية» أو «بالالتزام السري بالمنع»، والتي تمنع بنودها السلطان، والمتعاقبين على الحكم بعده، من «منح أي امتياز» أو «بيع»، أو «التنازل» عن أي جزء من التراب لمصلحة أية دولة أجنبية، باستثناء بريطانيا، لقد سقط النظام السلطاني في توقيع أخطر معاهدة بعد المعاهدة الأولى لسنة 1798، ومعاهدة انفصال زنجبار سنة 1861 التي توجت بريطانيا ممثلة «شرعية» للسيادة العمانية، وأثرت بفداحة في التطور السياسي والدبلوماسي للبلاد، حيث تم بمقتضيات بنود هذه الاتفاقية تنفيذ تعليمات اللورد كورزون وسياسة العنف والتهديد للضغط على السلطان فيصل أثناء أزمة مسقط (1899) لإرغامه على إلغاء الامتيازات الممنوحة لفرنسا في قضية مستودع الفحم، أو في قضية فرض سحب الأعلام الفرنسية من على السفن العمانية.

ولم يجد السلطان فيصل ـ الذي كانت تحركه مع ذلك ميول إباضية بمحاولة التمسك بسيادة واستقلال بلاده

ـ مخرجاً لوضعه المأساوي، إلا بالتنازل عن العرش، غير
أن هذا الاحتمال لقي رفضاً، ولم يثر شفقة البريطانيين
الذين أرغموه على تحمل اندحار دولته المحتضرة إلى
النهاية، وتجرع كأس المرارة حتى الثمالة. وعلى أثر هذه
المحنة، ستجد عمان مصيرها المعاصر يتحدد في أفق ثورة
1913 ـ 1920.

فللمرة الثالثة في تاريخ عمان الحديث هبت الحركة
الإباضية لوقف انهيار الوطن وتوحيد العمانيين حول حركة
النهضة، بقيادة العالم وأب المدرسة التاريخية العمانية
عبداللّه السالمي الذي تمكن من تحقيق التوافق بين
الغافرية والهناوية على ترشيح العالم سالم بن راشد
الخَروصي كإمام سنة 1913 في مدينة تنوف وتم إعلان
مدينة نزوى المركز الروحي للإباضة كعاصمة للإمامة.

وقد وجدت الإمامة صدى وتأييداً واسعاً في أغلب
المدن ولم تبق تحت سلطة السلطان تيمور بن فيصل إلا
مسقط، ومطرح، وبعض المدن الساحلية.

ولكن المشروع النهضوي الذي لم ينجح قبل أربعين
عاماً، وجد هذه المرة ظروفاً أصعب وأشد قساوة بعدما

عززت بريطانيا وجودها في عُمان، وبعدما خرجت منتصرة في الحرب العالمية الأولى، وفي وئام مع فرنسا.

وتركزت الاستراتيجية البريطانية الجديدة لتقسيم عمان واحتواء الإمامة، على سياسة من ثلاثة محاور أو إخضاع مناطق الإمامة في داخل البلاد لحصار اقتصادي صارم بمضاعفة الرسوم على تصدير منتوجاته الفلاحية التي تشكل المصدر الوحيد لاستيراد الرز والحبوب ما أدى إلى سياسة تجويع ذهب ضحيتها بين سنتي 1818 ـ 1819 أكثر من عشرين ألف عماني وهو عدد يفوق عدد ضحايا وباء الكوليرا في الفترة نفسها، ثانياً: المراهنة على المسألة القبلية، وثالثاً: ربح الوقت في انتظار «موت مبكر» للإمام الخَروصي الذي اغتيل فعلاً قبل توقيع معاهدة «السيب»، وجميع الدلالات تشير إلى أن لبريطانيا ضلعاً في الاغتيال؛ وبالتوقيع على معاهدة «السيب 1920» التي كرست تقسيم عمان نهائياً، وإلى نهاية الستينات إلى إمامة عمان «في الداخل» و «سلطنة مسقط» في الساحل، انتهت الثورة بمقتل إمامها الخروصي.

ولأسباب متعددة دخلت إمامة محمد بن عبداللّه الخليلي (1919 ـ 1954) تدريجاً في عزلة تامة،

وانكماش على الذات، في داخل البلاد.. بينما ولجت عمان برمتها فيما يعرف «بالقرون الوسطى العمانية» بتولي سعيد بن تيمور خلافة والده تيمور الذي غادر عُمان إلى منفاه الاختياري بالهند «احتجاجاً» على تصرفات المقيم العام البريطاني. فطوال الحقبة الطويلة لحكم سعيد بن تيمور (1932 ـ 1970)، لم تنفك بريطانيا كما درجت منذ أكثر من قرن ونصف القرن عن محو التاريخ، والشخصية العمانية، ورموز الإمامة، إلى أن أعلنت حرباً مكشوفة بالسلاح الجوي واحتلت عاصمة الإمامة نزوى سنة 1955، تماشياً مع استراتيجيتها البترولية الجديدة وعلى خلفية من التوتر بشأن واحات البريمي وتقاسم مناطق النفوذ مع الولايات المتحدة.

وقد أثار هذا العدوان انتفاضة ومقاومة شعبية من سنة 1955 إلى سنة 1964، بقيادة الإمام غالب بن عبدالله الهنائي... وكان من نتائجها الرئيسية طرح مسألة عمان ووحدتها في المحافل الدولية (الجامعة العربية ولجنة الأمم المتحدة الخاصة بعُمان).

ويمكن القول إن نظام الإمامة انتهى بصفة نهائية مع مغادرة الإمام غالب وقادة الانتفاضة إلى العربية السعودية.

آراء ودراسات حول كتاب عُمان.. الديمقراطية الإسلامية

المحتويات

بمثابة مقدمة: أحمد الفلاحي 5

رسالة سماحة المفتي للكاتب: الشيخ أحمد بن الخليلي 13

عُمان، الديمقراطية الإسلامية

كما يقرأها حسين غُباش: المطران جورج خضر 19

عُمان: ألف عام من التقليد الديمقراطي: جيرمي جونز 27

عُمان: التقليد الإسلامي الديمقراطي: جوزف كيشيشيان 33

تقاليد الإمامة والتاريخ السياسي

الحديث لعمان: د. صفاء الجنابي 52

قراءة في نظام الإمامة الإباضية: ف. قماحي 67

Printed in the United States
By Bookmasters